🌻🌷 本書の特色と使い方 🌷🌻

教科書の内容を各児童の学習進度にあわせて使用できます

教科書の内容に沿って作成していますので，各学年で学習する単元や内容を身につけることができます。

学年や学校の学習進度に関係なく，各児童の学習進度にあわせてご使用ください。

基本的な内容をゆっくりていねいに学べます

算数が苦手な児童でも，無理なく，最後までやりとげられるよう，問題数を少なくしています。

また，児童が自分で問題を解いていくときの支援になるよう，問題を解くヒントや見本をのせています。

うすい文字は，なぞって練習してください。

問題数が多い場合は，1シートの半分ずつを使用するなど，各児童にあわせてご使用ください。

※「たし算，ひき算の筆算」では，補助数字を書く◯や▢を入れています。児童によって書く場所なども異なりますので，

　不要な場合は，◯や▢などを消してご使用ください。

本書をコピー・印刷してくりかえし練習できます

学校の先生方は，学校でコピーや印刷をして使えます。

各児童にあわせて，必要な個所は，拡大コピーするなどしてご使用ください。

「解答例」を参考に指導することができます

本書 p90 ～「解答例」を掲載しております。まず，指導される方が問題を解き，本書の解答例も参考に解答を作成してください。

児童の多様な解き方や考え方に沿って答え合わせをお願いいたします。

目　次

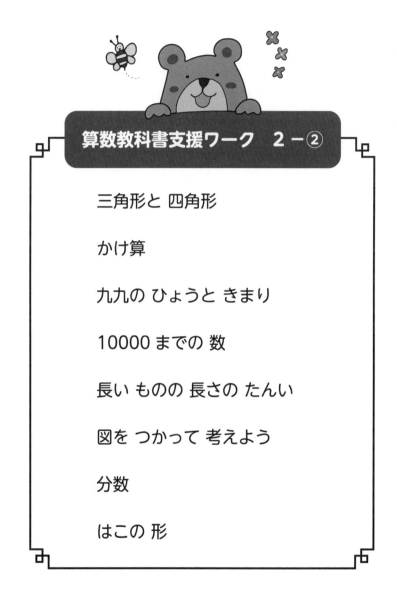

算数教科書支援ワーク 2-②

三角形と 四角形

かけ算

九九の ひょうと きまり

10000までの 数

長い ものの 長さの たんい

図を つかって 考えよう

分数

はこの 形

ひょうと グラフ (1)

● どうぶつの 数を しらべましょう。

① どうぶつの 数を ひょうに かきましょう。

どうぶつの 数しらべ

どうぶつ	さる	ねこ	ひつじ	うさぎ
数（ひき）	2			

② どうぶつの 数を ○を つかって グラフに あらわしましょう。

どうぶつの 数しらべ

さる	ねこ	ひつじ	うさぎ
◯			
◯			

さるは 2ひきだから 下から 2こ ○を かくよ。

4

ひょうと グラフ (2)

● くだものの 数を しらべましょう。

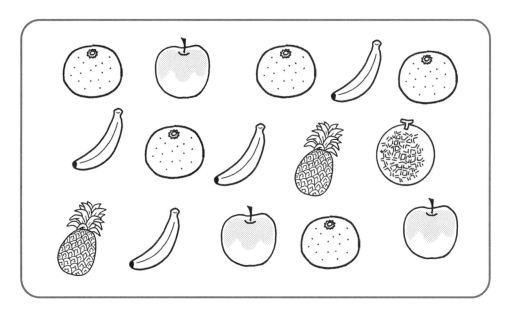

② くだものの 数を ○を つかって グラフに あらわしましょう。

下から ○を かいて いこう。

くだものの 数しらべ

◯	◯	◯	◯	◯
◯	◯	◯	◯	◯
◯	◯	◯	◯	◯
◯	◯	◯	◯	◯
◯	◯	◯	◯	◯
りんご	みかん	メロン	パイナップル	バナナ

① くだものの 数を ひょうに かきましょう。

くだものの 数しらべ

くだもの	りんご	みかん	メロン	パイナップル	バナナ
数（こ）					

③ いちばん 多い くだものは 何ですか。

④ いちばん 少ない くだものは 何ですか。

ひょうと　グラフ (3)

● 2年1組で　すきな　おやつを　しらべました。

すきな　おやつしらべ

おやつ	ドーナツ	チョコレート	アイスクリーム	クッキー	ケーキ
人数（人）	3	5	7	3	2

① 上の　ひょうの　人数を　○を　つかって　グラフに　あらわしましょう。

グラフに　あらわすと　数の　多い　少ないが　よく　わかるよ。

すきな　おやつしらべ

ドーナツ	チョコレート	アイスクリーム	クッキー	ケーキ

② 人数が　いちばん　少ない　おやつは　何ですか。

③ 人数が　2ばんめに　多い　おやつは　何ですか。

④ 人数が　同じ　おやつは　何と　何ですか。

□　と　□

たし算の　ひっ算 (1)　　くり上がりなし

● 32 ＋ 15 を　ひっ算で　しましょう。

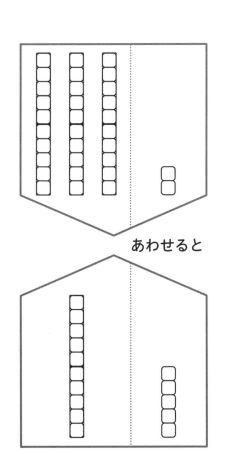

あわせると

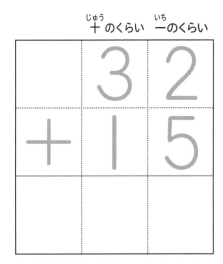

❶ くらいを　たてに　そろえて　書く。

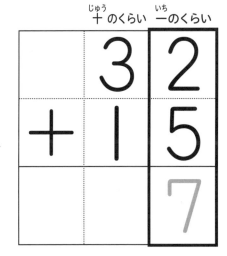

❷ 一のくらいの　計算

2 ＋ 5 = ☐

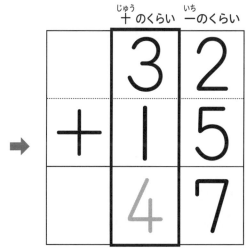

❸ 十のくらいの　計算

3 ＋ 1 = ☐

32 ＋ 15 = ☐

たし算の ひっ算 (2)　くり上がりなし

● ひっ算で しましょう。

① 25 + 43

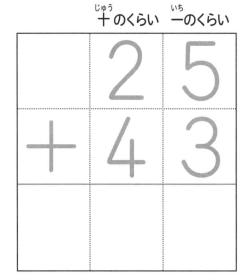

くらいごとに
計算しよう。

② 57 + 32

③ 41 + 36

④ 24 + 62

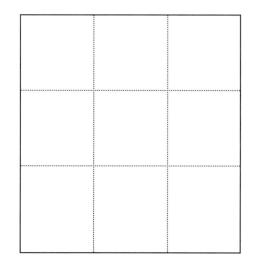

たし算の　ひっ算 (3)　くり上がりなし

● ひっ算で　しましょう。

① 26 + 30

十のくらい　一のくらい

	2	6
+	3	0

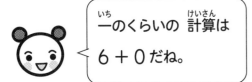
一のくらいの　計算は
6 + 0 だね。

② 53 + 4

十のくらい　一のくらい

	5	3
+		4

4は
一のくらいに　書くよ。

③ 8 + 40

十のくらい　一のくらい

+		

くらいに　気をつけて
書いてみよう。

たし算の ひっ算 (4)　くり上がりなし

	名 前
月　日	

● ひっ算で しましょう。

① 70 + 17

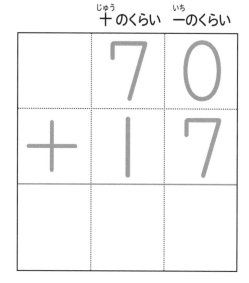

十のくらい　一のくらい

```
   7 0
 + 1 7
```

② 31 + 8

8は どこに
書いたら
いいかな。

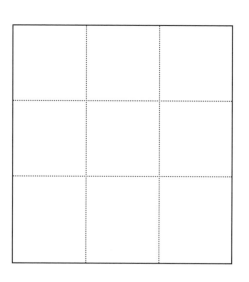

③ 5 + 42

④ 50 + 20

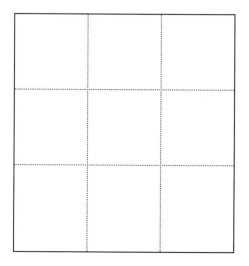

		名 前
月	日	

● ひっ算で しましょう。

① 42 + 36

十のくらい 一のくらい

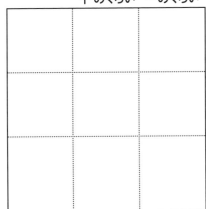

② 60 + 27

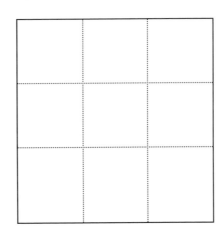

③ 3 + 92

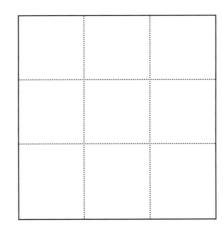

④ 54 + 5

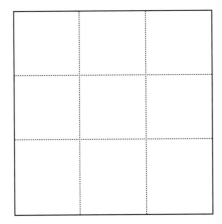

⑤ 40 + 30

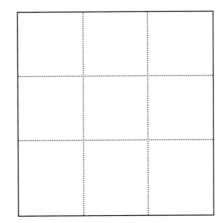

ひっ算の しかたは
❶ くらいを たてに そろえて 書く
❷ くらいごとに 計算する

たし算の ひっ算 (6)

	月	日	名 前

● ひっ算で しましょう。

$$8 + 5 = \boxed{13}$$

十のくらい　一のくらい

8	
+	5
1	3

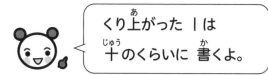

くり上がった 1は
十のくらいに 書くよ。

①
	9
+	2

②
	7
+	8

③
	6
+	7

④
	3
+	9

たし算の ひっ算 (7) くり上がりあり

● 28 + 17 を ひっ算で しましょう。

十のくらい 一のくらい

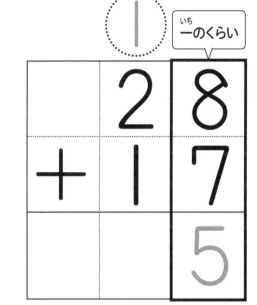

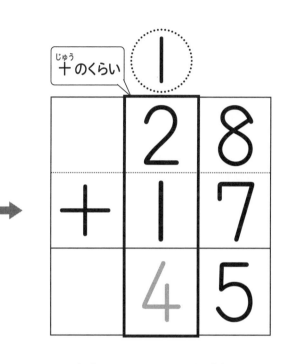

❶ くらいを たてに
そろえて 書く。

❷ 一のくらいの 計算

8 + 7 = 15

十のくらいに 1くり上げる。

❸ 十のくらいの 計算

① + 2 + 1 = 4

28 + 17 = ☐

13

たし算の ひっ算 (8)　くり上がりあり

		名 前
月	日	

● ひっ算で しましょう。

① 35 + 26

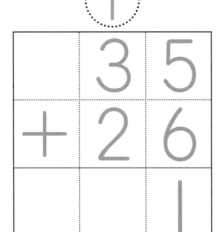

十のくらいの 計算は

$1 + 3 + 2 = \square$

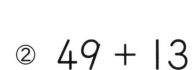

② 49 + 13

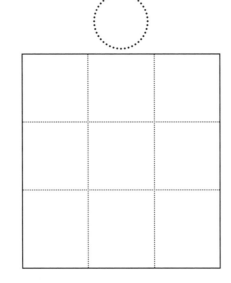

③ 26 + 57

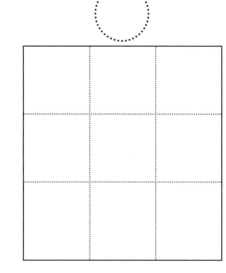

④ 68 + 24

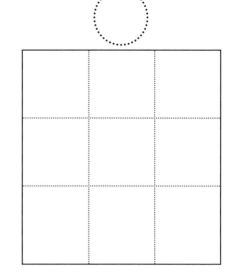

14

たし<ruby>算<rt>ざん</rt></ruby>の　ひっ<ruby>算<rt>さん</rt></ruby>（9）　　くり<ruby>上<rt>あ</rt></ruby>がりあり

		名　前
月	日	

● ひっ<ruby>算<rt>さん</rt></ruby>で　しましょう。

① 42 + 18

② 39 + 7

③ 6 + 74

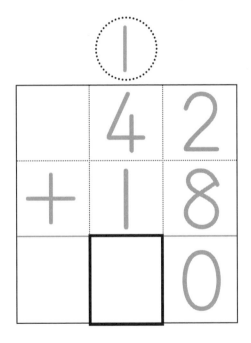

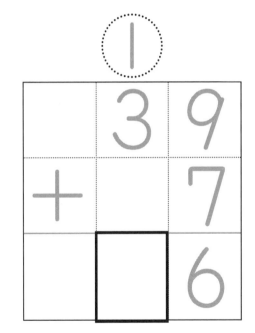

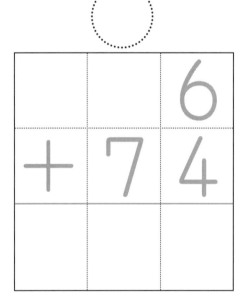

<ruby>一<rt>いち</rt></ruby>のくらいは 2＋8＝10で 0に なるね。

<ruby>十<rt>じゅう</rt></ruby>のくらいの <ruby>計算<rt>けいさん</rt></ruby>は |＋3だね。

くらいに 気をつけて <ruby>計算<rt>けいさん</rt></ruby>しよう。

		名　前
月	日	

● ひっ算で　しましょう。

① 47 ＋ 23

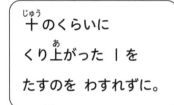
十のくらいに
くり上がった 1 を
たすのを わすれずに。

③ 5 ＋ 75

② 35 ＋ 8

④ 64 ＋ 7

16

名前

月　日

● ひっ算で　しましょう。

① 53 + 28
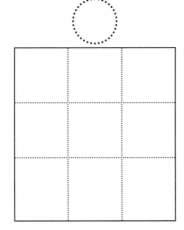

② 9 + 26
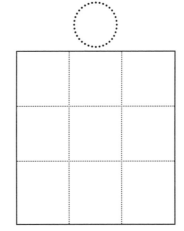

③ 36 + 14
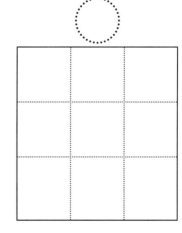

④ 83 + 7
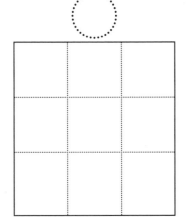

⑤ 19 + 45
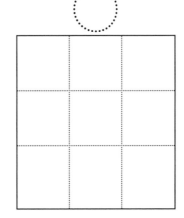

ひっ算の　しかたは
❶ くらいを　たてに　そろえて　書く
❷ くらいごとに　計算する

たし算の　ひっ算 (12)

		名　前
月	日	

● りんごは，ぜんぶで　何こ　ありますか。しきを　書いて，答えを　もとめましょう。

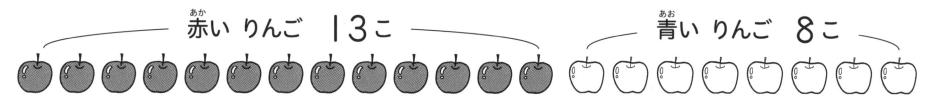

赤い　りんご　13こ　　　　青い　りんご　8こ

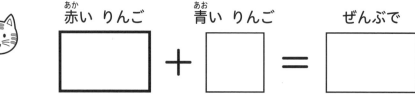

| 赤い りんご | + | 青い りんご | = | ぜんぶで |

| 青い りんご | + | 赤い りんご | = | ぜんぶで |

たされる 数
たす 数

＋

答え　　　　　こ

＋

答え　　　　　こ

たされる数と　たす数を　入れかえて　計算しても
答えは　同じだね。

たし算の ひっ算 (13) 文しょうだい

● けんたさんは 46円の ガムと 18円の
あめを 買いました。

<u>あわせて</u> いくらに なりますか。

しき

ひっ算で してみよう

答え 　　　　 円

● ゆかさんは シールを 37まい もって
います。お姉さんから 5まい <u>もらいました</u>。
シールは 何まいに なりましたか。

しき

ひっ算で してみよう

答え 　　　　 まい

ひき算の　ひっ算 (1)　くり下がりなし

● 37 − 12 を　ひっ算で　しましょう。

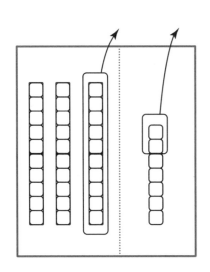
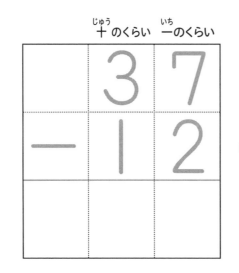 → 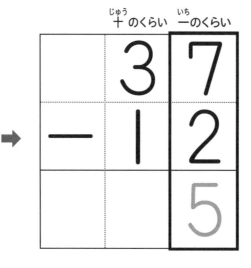 →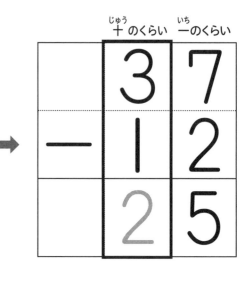

❶ くらいを　たてに
　そろえて　書く。

❷ 一のくらいの　計算

$$7 - 2 = \boxed{}$$

❸ 十のくらいの　計算

$$3 - 1 = \boxed{}$$

十のくらいから
10を　1本,
一のくらいから
1を　2こ
とるよ。

$$37 - 12 = \boxed{}$$

		名　前
月	日	

● ひっ算で　しましょう。

① 58 − 26

十のくらい　一のくらい

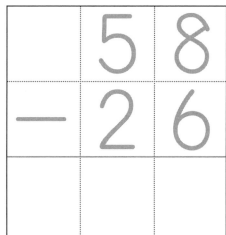

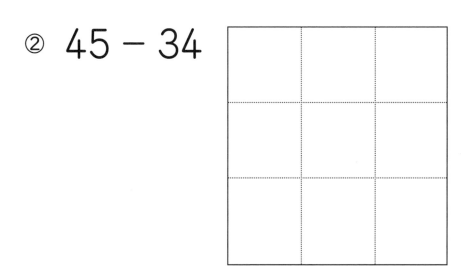
くらいごとに　計算しよう。

② 45 − 34

③ 72 − 50

④ 67 − 41

21

ひき算の　ひっ算 (3)　くり下がりなし

● ひっ算で　しましょう。

① 35 − 15

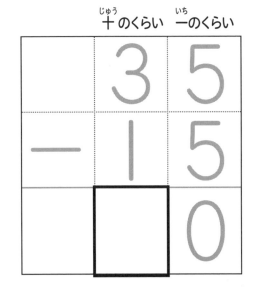

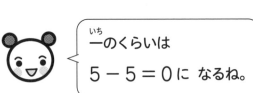

一のくらいは
5 − 5 = 0 に　なるね。

② 49 − 43

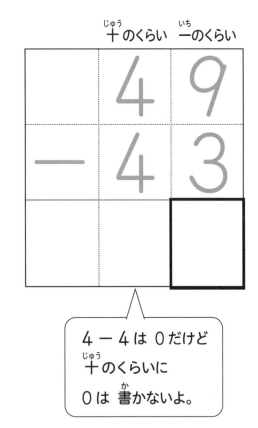

4 − 4 は 0 だけど
十のくらいに
0 は　書かないよ。

③ 56 − 2

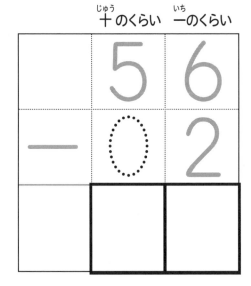

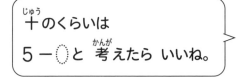

十のくらいは
5 − ◯ と　考えたら　いいね。

22

ひき算の　ひっ算 (4)　くり下がりなし

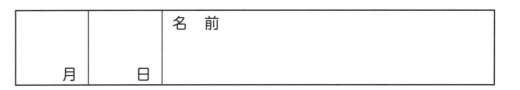

名　前

月　　日

● ひっ算で　しましょう。

① 62 − 32

十のくらい　一のくらい

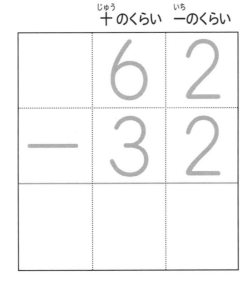

② 75 − 70

十のくらいの
答えに
気をつけて。

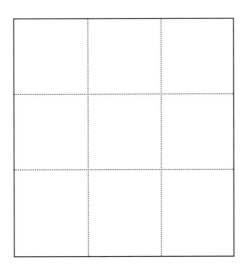

③ 84 − 3

くらいに
気をつけて
計算しよう。

④ 59 − 57

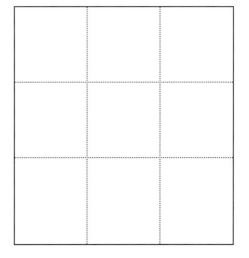

ひき算の ひっ算 (5) くり下がりなし

● ひっ算で しましょう。

① 54 − 11

十のくらい 一のくらい

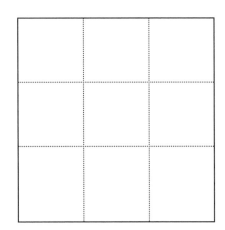

② 86 − 30

③ 36 − 26

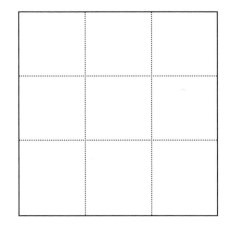

④ 78 − 74

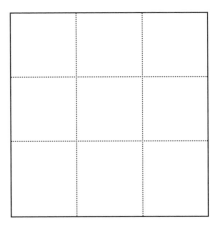

⑤ 47 − 5

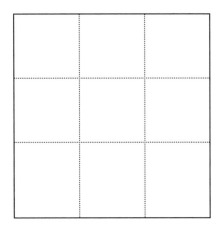

ひっ算の しかたは
❶ くらいを たてに そろえて 書く
❷ くらいごとに 計算する

ひき算の　ひっ算 (6)　くり下がりあり

● 45 － 28 を　ひっ算で　しましょう。

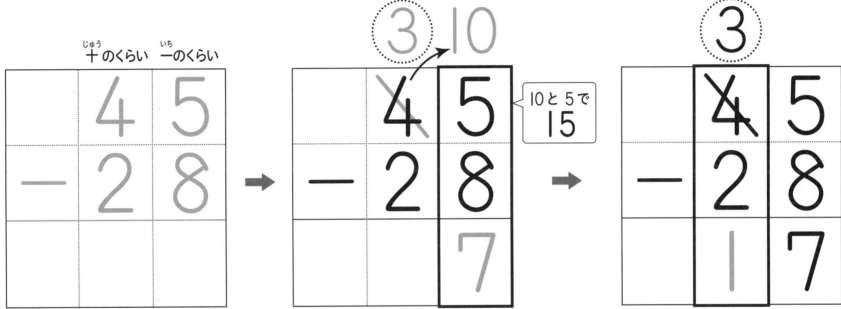

十のくらい　一のくらい

❶ くらいを　たてに
　そろえて　書く。

❷ 一のくらいの　計算

5 から 8 は　ひけないので
十のくらいから 1 くり下げる。

15 － 8 = ☐

10と5で 15

❸ 十のくらいの　計算

1 くり下げたので 3

3 － 2 = ☐

45 － 28 = ☐

ひき算の　ひっ算（7）　くり下がりあり

● ひっ算で　しましょう。

① 32 − 17

十のくらいの　計算は
2−1に　なるね。

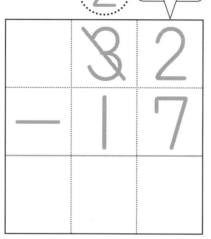

② 54 − 26

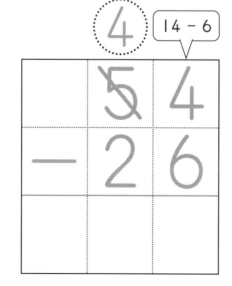

③ 77 − 48

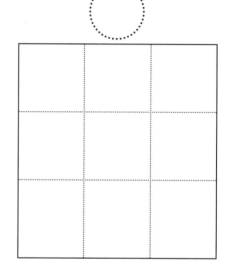

④ 63 − 27

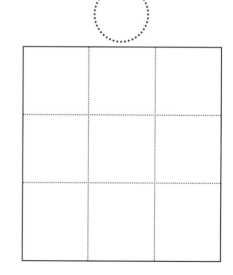

26

ひき算の ひっ算 (8)　くり下がりあり

● ひっ算で しましょう。

① 50 − 16

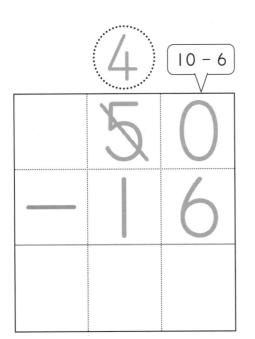

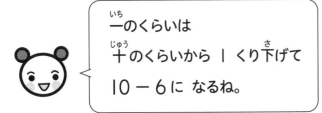
一のくらいは
十のくらいから 1 くり下げて
10 − 6 に なるね。

② 46 − 39

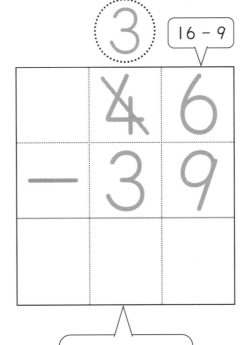

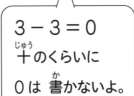
3 − 3 = 0
十のくらいに
0は 書かないよ。

③ 75 − 8

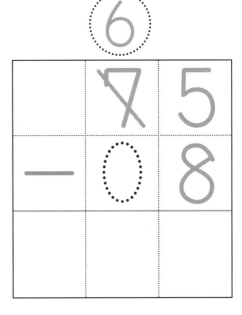

十のくらいは 6 − ◯ と
考えたら いいね。

27

ひき算の ひっ算 (9)　くり下がりあり

		名 前
月	日	

● ひっ算で しましょう。

① 80 − 53

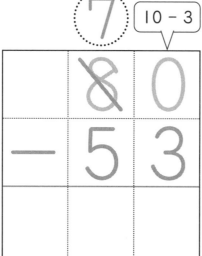

② 54 − 48

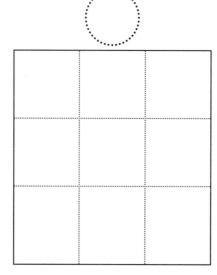

③ 60 − 7

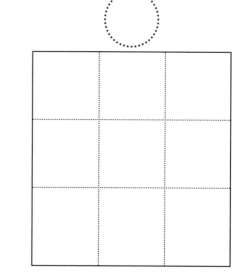

④ 33 − 5

28

名　前

月　日

● ひっ算で しましょう。

① 82 − 54

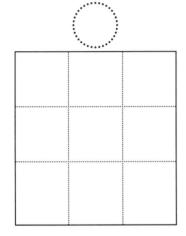

② 70 − 68

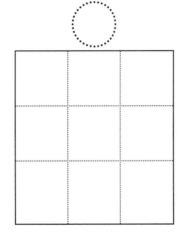

③ 47 − 9

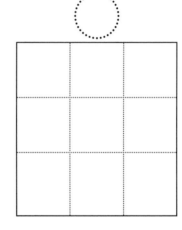

④ 61 − 22

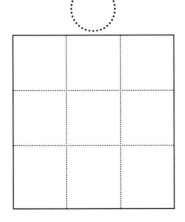

⑤ 35 − 29

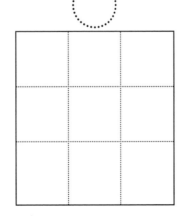

一のくらいに 1 くり下げて 計算するよ。十のくらいの ひかれる数が 1 少なくなる ことを わすれずに。

ひき算の ひっ算 (11)

● いちごが 25こ ありました。12こ 食べました。のこりは 何こですか。

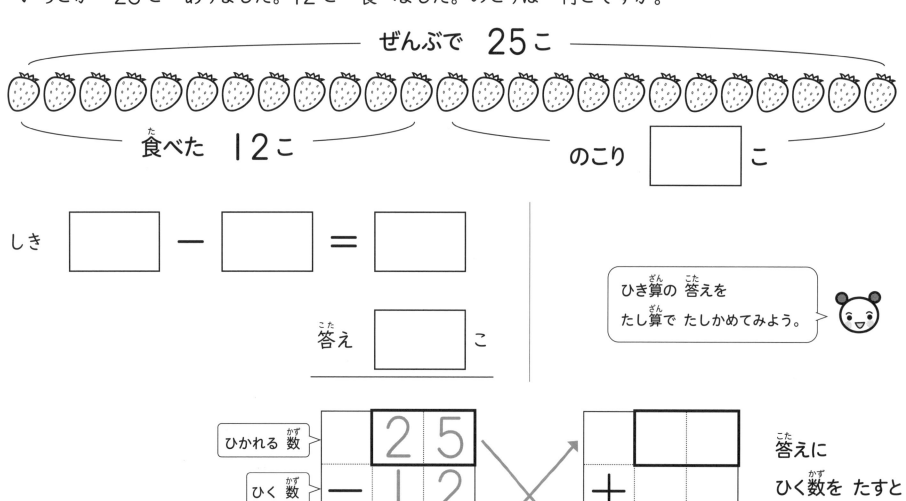

ぜんぶで 25こ

食べた 12こ　　のこり □ こ

しき □ － □ ＝ □

答え □ こ

ひき算の 答えを
たし算で たしかめてみよう。

ひかれる数 → | 2 5
ひく数 → － 1 2
答え → 1 3

＋

答えに
ひく数を たすと
ひかれる数に なる。

ひき算の ひっ算 (12) _{ぶん}文しょうだい

● おり紙が 54まい ありました。

16まい つかって つるを おりました。

のこりの おり紙は 何まいですか。

しき

ひっ算で してみよう

答え ☐ まい

● みかんが 22こ あります。

りんごが 9こ あります。

どちらが 何こ 多いですか。

しき

ひっ算で してみよう

答え ☐ が ☐ こ 多い。

長さの　たんい (1)

● えんぴつの　長さは　何cmですか。

> 1ますが 1cmの 工作用紙で
> 長さを　はかるよ。

①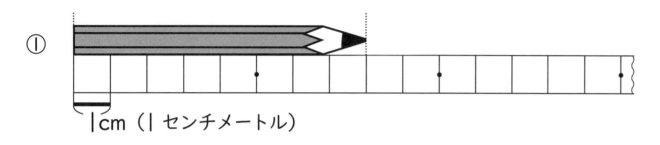

1cm（1センチメートル）

1cmの　**8**こ分で

8 cm

②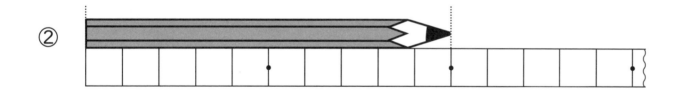

1cmの　□こ分で

□ cm

③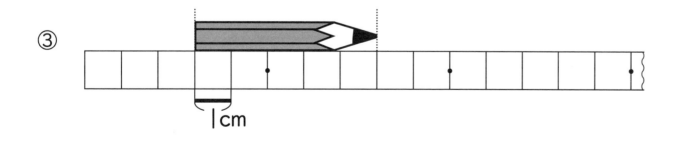

1cm

1cmの　□こ分で

□ cm

32

長さの たんい (2)

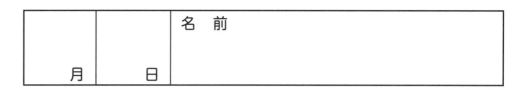

月	日	名 前

● 30cm の ものさしの めもりを よみましょう。

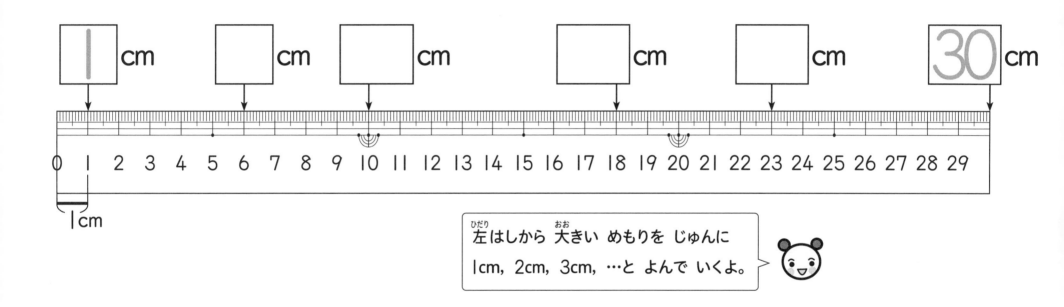

| 1 |cm | |cm | |cm | |cm | |cm | 30 |cm |

1cm

左はしから 大きい めもりを じゅんに
1cm, 2cm, 3cm, …と よんで いくよ。

■ cm を れんしゅう しましょう。

cm cm 1cm 2cm 3cm 4cm 5cm

33

長さの たんい (3)

● テープの 長さは 何cm ですか。

左はしから 大きい めもりを じゅんに よんで いこう。

①

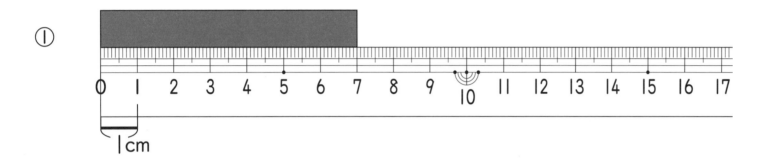

1cm

 cm

②

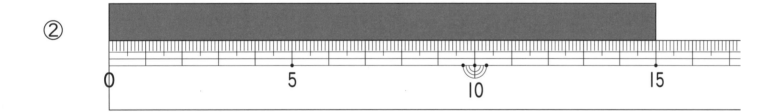

cm

③

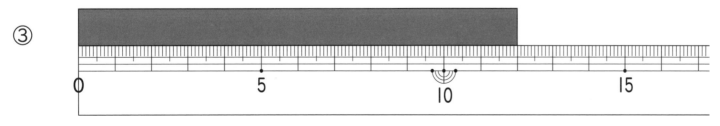

 cm

34

長さの たんい (4)

● ものさしを つかって ★から ありまでの 長さを はかりましょう。

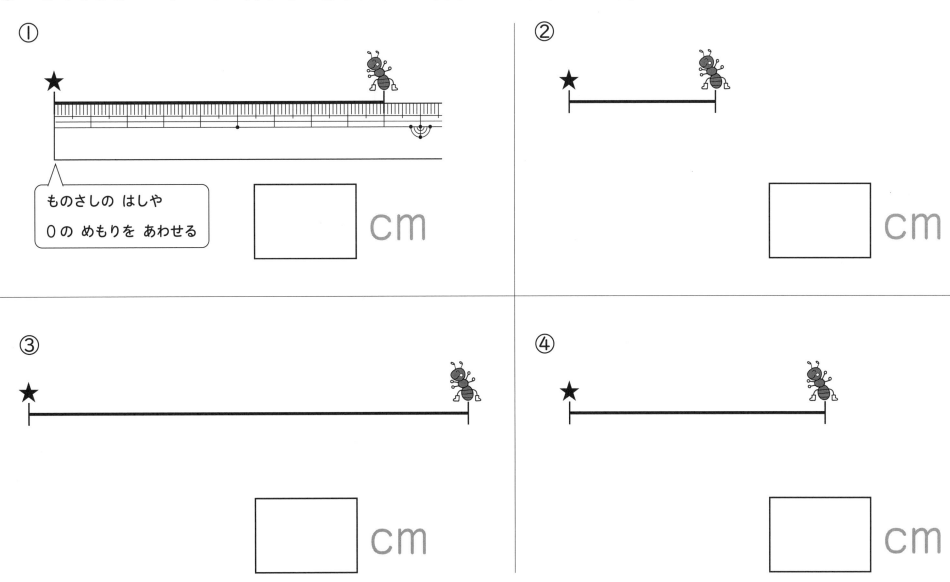

①

ものさしの はしや
0の めもりを あわせる

☐ cm

②

☐ cm

③

☐ cm

④

☐ cm

35

		名　前
月	日	

● ものさしの　小さな　めもりを　よみましょう。

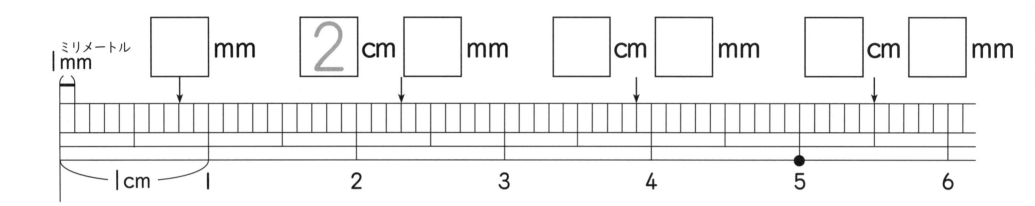

ミリメートル
1mm

1cm

1cm を 同じ 長さに 10 こに 分けた 1つ分の 長さが

1mm（1 ミリメートル）だよ。　1cm ＝ 10 mmです。

■ mm を　れんしゅう　しましょう。

mm　mm　1mm　2mm　3mm　4mm　5mm

長さの たんい (6)

● テープの 長さは どれだけですか。めもりを よみましょう。

①

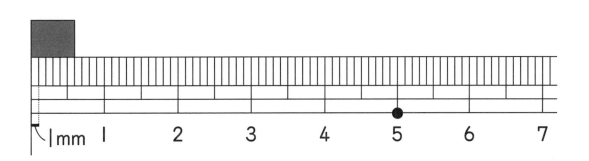

1mmの 6こ分で

☐ mm

②

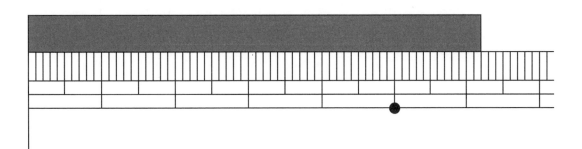

☐ cm ☐ mm

③

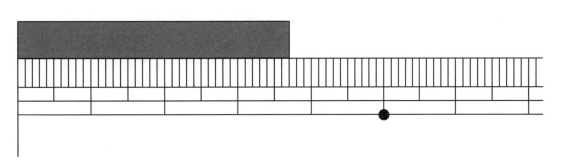

☐ cm ☐ mm

長さの たんい (7)

● ものさしを　つかって　★から　てんとうむしまでの　長さを　はかりましょう。

①

ものさしの はしや
0の めもりを あわせる

☐ cm ☐ mm

②

☐ cm ☐ mm

③

☐ cm ☐ mm

長さの　たんい (8)

● ものさしを　つかって　直線を　ひきましょう。

① 10cm

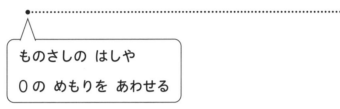
ものさしの　はしや
0の　めもりを　あわせる

② 8cm 4mm

③ 1cm 2mm

④ 5cm 4mm

5cm 4 mmは
どの　どうぶつの
ところかな。

長さの　たんい (9)

● テープの　長さを　答えましょう。

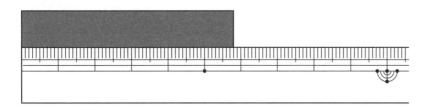

① テープの　長さは　何cm　何mm ですか。

　　　　　　cm 　　　　mm

② テープの　長さは　何mm ですか。

　　　　　　mm

1cm = 10mm だから,
5cm = 50mm に
なるね。

● □ に　あてはまる　数を　書きましょう。

1cm = 10mm だね。

① 4cm = □ mm

② 9cm 3mm = □ mm

③ 70mm = □ cm

④ 85mm = □ cm □ mm

40

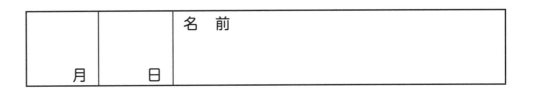

名　前

月　　日

● 線^{せん}の　長^{なが}さは　どれだけですか。

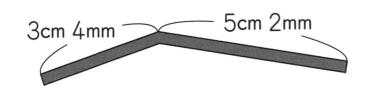

3cm 4mm　　　5cm 2mm

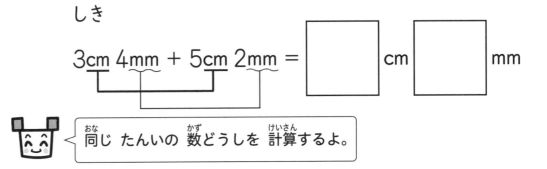

しき

$3cm\ 4mm + 5cm\ 2mm = \boxed{}\ cm\ \boxed{}\ mm$

同^{おな}じ　たんいの　数^{かず}どうしを　計算^{けいさん}するよ。

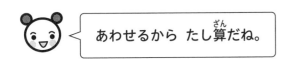

あわせるから　たし算^{ざん}だね。

答^{こた}え

● 計算^{けいさん}を　しましょう。

① $8cm\ 7mm + 6cm = \boxed{}\ cm\ \boxed{}\ mm$

② $7cm\ 8mm - 3cm\ 6mm = \boxed{}\ cm\ \boxed{}\ mm$

③ $4cm\ 9mm - 7mm = \boxed{}\ cm\ \boxed{}\ mm$

cm に ○,
mm に △ など
同^{おな}じ たんいに
しるしを つけて おくと
わかりやすいよ。

100より 大きい 数 (1)

● ねこは ぜんぶで 何びきですか。数字で 書きましょう。

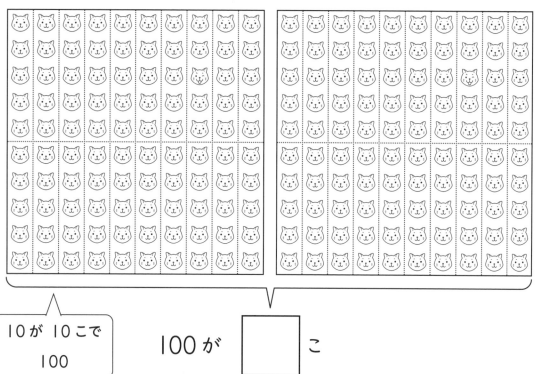

10が 10こで 100

100が □ こ

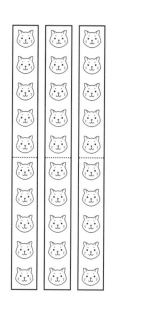

10が □ こ

1が □ こ

二百 (にひゃく)　三十 (さんじゅう)　五 (ご)

百のくらい	十のくらい	一のくらい

ひき

42

100より 大きい 数 (2)

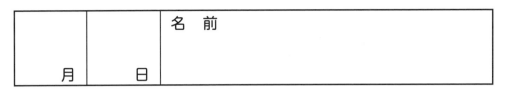

		名 前
月	日	

● ブロックの 数を 数字で 書きましょう。

① 三百四十六

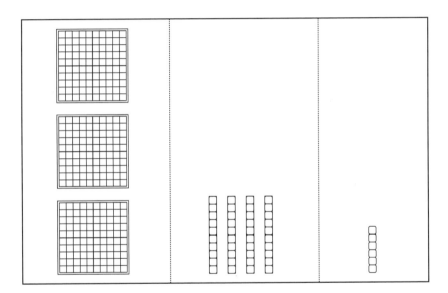

100 が	10 が	1 が
☐ こ	☐ こ	☐ こ

百のくらい	十のくらい	一のくらい

② 二百六十

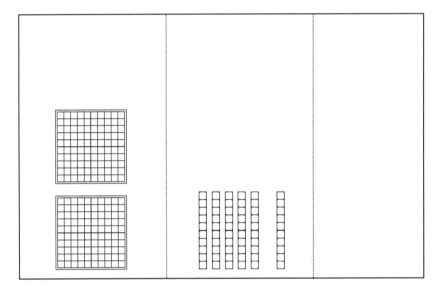

100 が	10 が	1 が
☐ こ	☐ こ	☐ こ

百のくらい	十のくらい	一のくらい

100より 大きい 数 (3)

● ブロックの 数を 数字で 書きましょう。

① 四百八

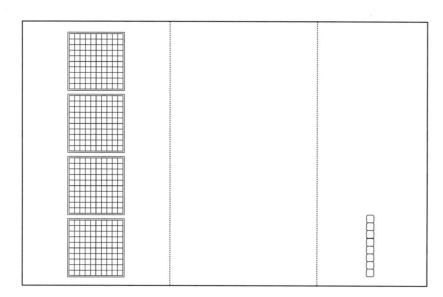

100 が	10 が	1 が
□ こ	□ こ	□ こ

百のくらい	十のくらい	一のくらい

② 三百

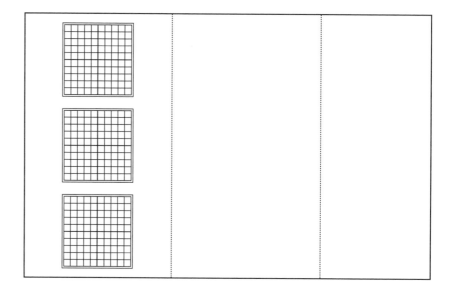

100 が	10 が	1 が
□ こ	□ こ	□ こ

百のくらい	十のくらい	一のくらい

100より 大きい 数 (4)

● 数を 読んで 数字で 書きましょう。

① 五百七十九 ➡

百のくらい	十のくらい	一のくらい

② 八百十六 ➡

百のくらい	十のくらい	一のくらい

③ 四百二十一 ➡

百のくらい	十のくらい	一のくらい

④ 三百八十五 ➡

百のくらい	十のくらい	一のくらい

● 数を 読んで 数字で 書きましょう。

① 六百 ➡

百のくらい	十のくらい	一のくらい

② 二百三 ➡

百のくらい	十のくらい	一のくらい

③ 八百一 ➡

百のくらい	十のくらい	一のくらい

④ 九百 ➡

百のくらい	十のくらい	一のくらい

45

100 より 大きい 数 (5)

● □ に あてはまる 数を 書きましょう。

 くらいの へやに 数を 入れると よく わかるね。

① 473 は, 100 を □ こ, 10 を □ こ, 1 を □ こ
あわせた 数です。

百のくらい	十のくらい	一のくらい
4	7	3

② 605 は, 100 を □ こ, 1 を □ こ
あわせた 数です。

百のくらい	十のくらい	一のくらい

③ 100 を 3こ, 10 を 2こ, 1 を 9こ あわせた 数は
□ です。

百のくらい	十のくらい	一のくらい

④ 100 を 8こ, 10 を 7こ あわせた 数は
□ です。

百のくらい	十のくらい	一のくらい

100より 大きい 数 (6)

● □に あてはまる 数を 書きましょう。

① 10を 20こ あつめた 数は □ です。

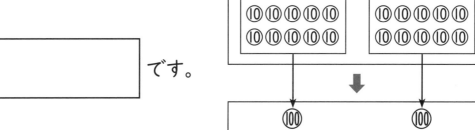

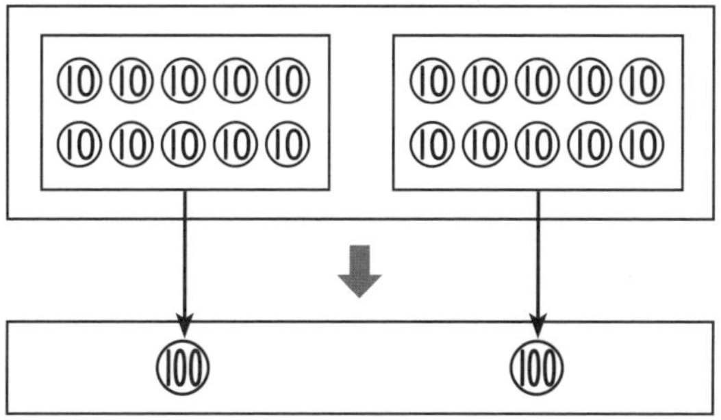

⑩が 10こで ⑩に なるね。

② 10を 16こ あつめた 数は □ です。

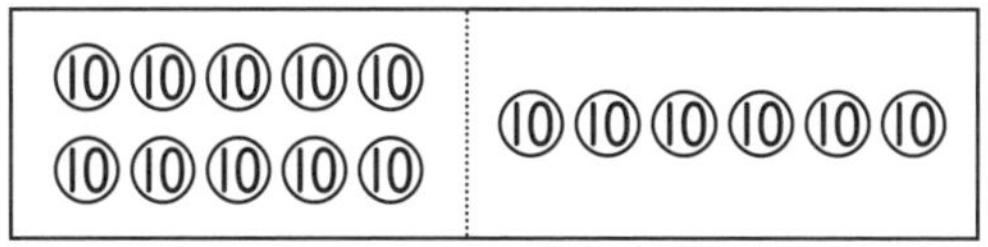

③ 10を 32こ あつめた 数は □ です。

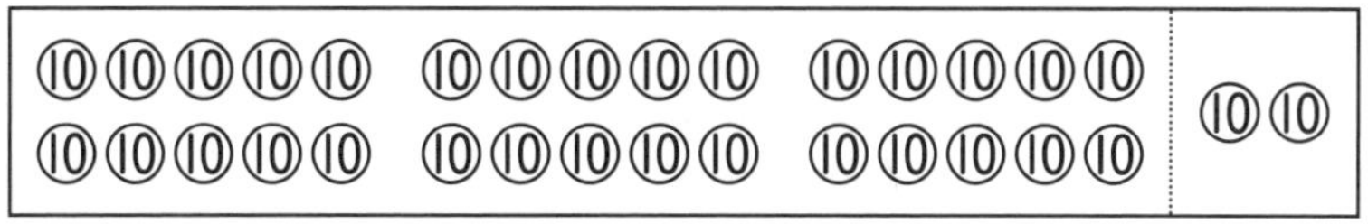

④ 10を 27こ あつめた 数は □ です。

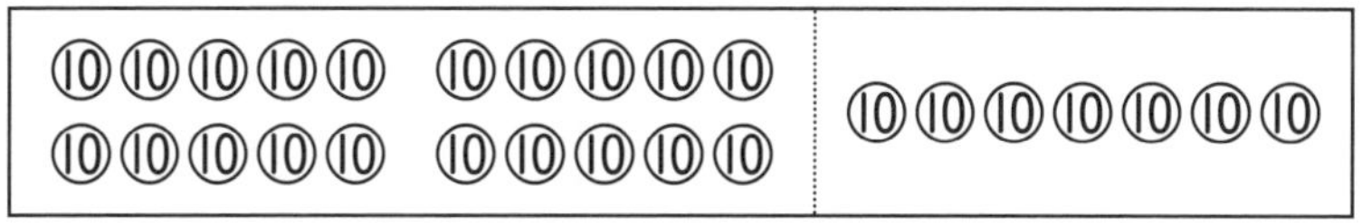

100より　大きい　数 (7)

月	日	名　前

● □に　あてはまる　数を　書きましょう。

① 300は　10を □ こ　あつめた　数です。

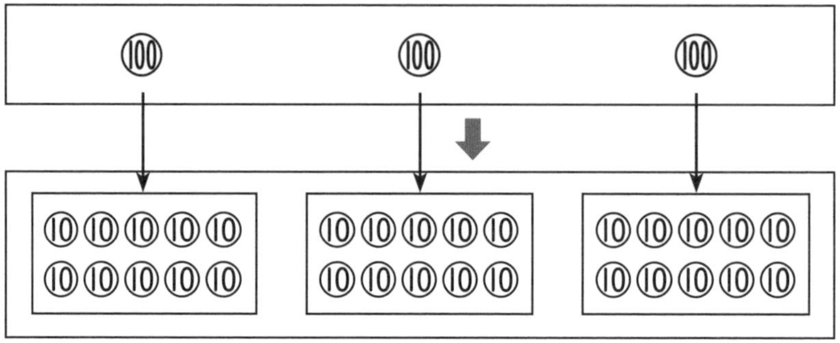

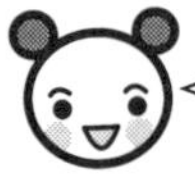

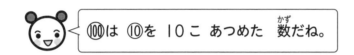

[100]は [10]を 10こ あつめた 数だね。

② 180は　10を □ こ　あつめた　数です。

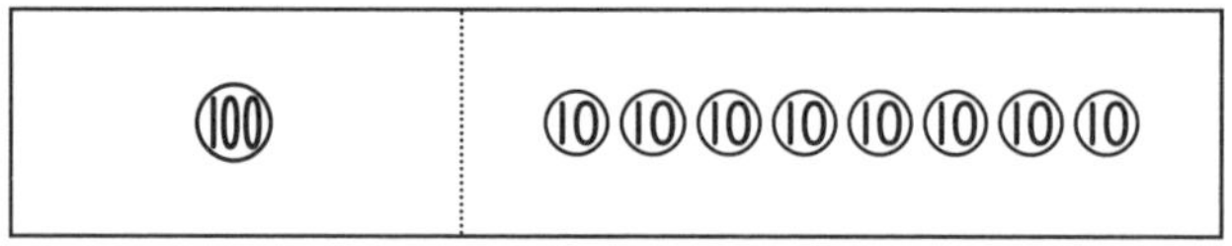

③ 460は　10を □ こ　あつめた　数です。

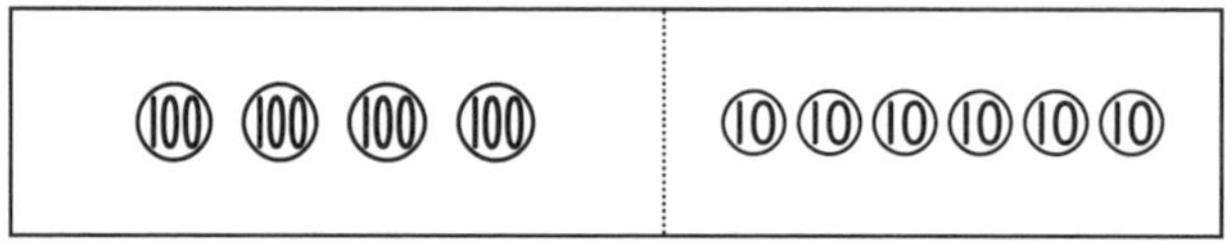

④ 220は　10を □ こ　あつめた　数です。

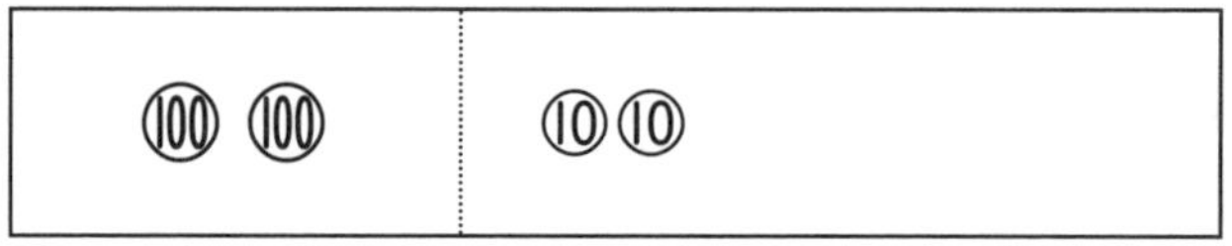

100より 大きい 数 (8)

● □に あてはまる 数を 書いて 読みましょう。

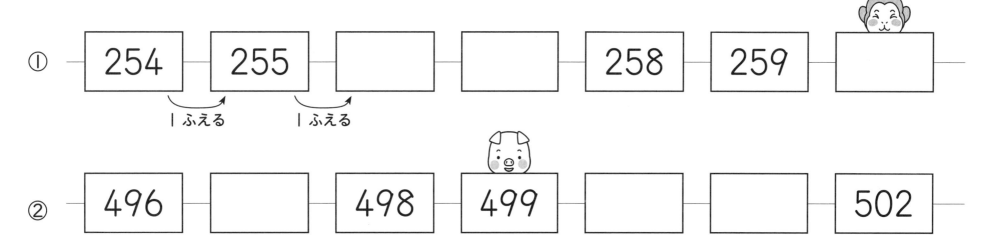

① 254 — 255 — □ — □ — 258 — 259 — □

1ふえる   1ふえる

② 496 — □ — 498 — 499 — □ — □ — 502

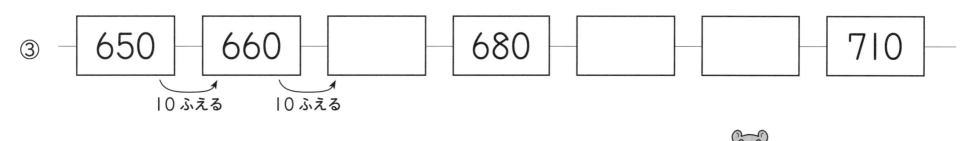

③ 650 — 660 — □ — 680 — □ — □ — 710

10ふえる   10ふえる

④ 890 — □ — 910 — 920 — □ — □ — 950

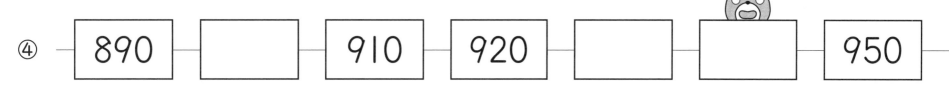

100より 大きい 数 (9)

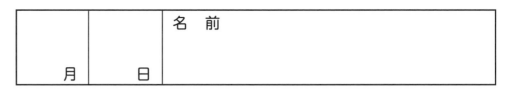

名前

月　日

● □に あてはまる 数を 書きましょう。

数の線の 1めもりは いくつかな。

①
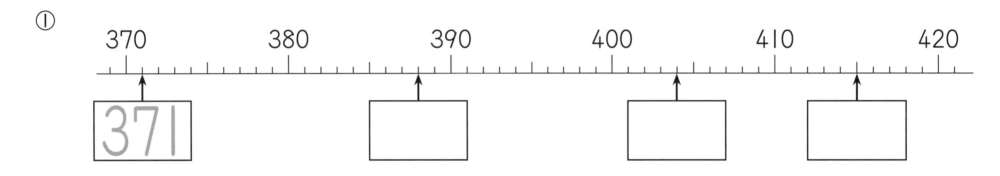

370　　380　　390　　400　　410　　420

371

②
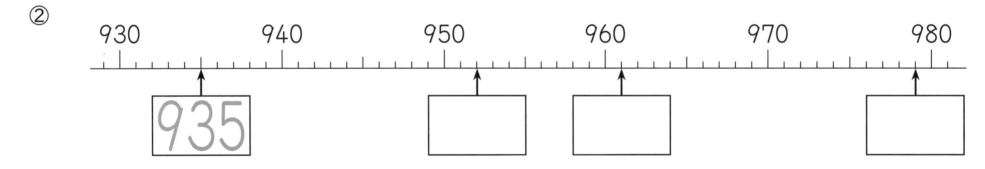

930　　940　　950　　960　　970　　980

935

③
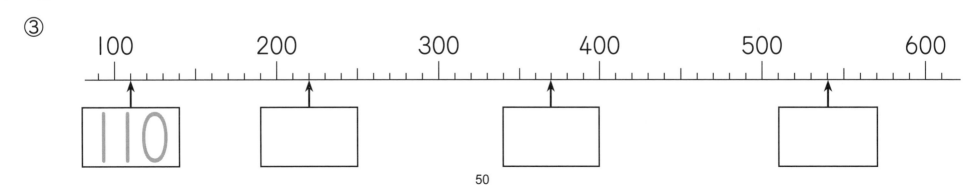

100　　200　　300　　400　　500　　600

110

100より 大きい 数 (10)

● □に あてはまる 数を 書いて じゅんに 読みましょう。

①

1 ふえる　　　　　　　1 ふえる

990	991	992				996	997
998		1000					

②

10 ふえる　10 ふえる

900	910			940			970
980		1000					

③

100 ふえる　100 ふえる

100	200				600		800
900	1000						

100が 10こで 1000に なるよ。

51

100より 大きい 数 (11)

● どちらが 大きいですか。□に ＞か ＜を 書きましょう。

① 256 < 312

くらべる

百の くらい	十の くらい	一の くらい
2	5	6
3	1	2

大きい くらいから
じゅんに くらべて いくよ。

② 408 □ 430

くらべる

百の くらい	十の くらい	一の くらい
4	0	8
4	3	0

↑おなじ

③ 726 □ 723

くらべる

百の くらい	十の くらい	一の くらい
7	2	6
7	2	3

↑おなじ↑

④ 635 □ 653

⑤ 98 □ 101

⑥ 510 □ 507

52

100より　大(おお)きい　数(かず)（12）

月	日	名　前

● 計算(けいさん)を　しましょう。

① 80 + 40 = ☐

[10][10][10][10][10][10][10][10]　[10][10][10][10]

② 200 + 500 = ☐

[100][100]　[100][100][100][100][100]

③ 700 + 300 = ☐

[100][100][100][100][100][100][100]　[100][100][100]

100が　10こで
いくつに　なるかな。

● 計算(けいさん)を　しましょう。

① 150 − 70 = ☐

[10][10][10][10][10][10][10]　[10][10][10]
[10][10][10][10][10]

150は，10が　15こだね。

② 600 − 300 = ☐

[100][100][100][100][100][100]

③ 1000 − 400 = ☐

[100][100][100][100][100][100][100][100][100][100]

水の かさの たんい（1）

● バケツの 水の かさは 何 L ですか。

①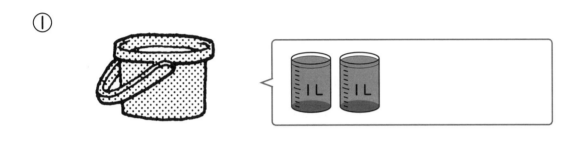

1L の 2 こ分で

2 L

②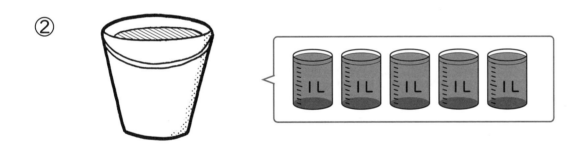

1L の □ こ分で

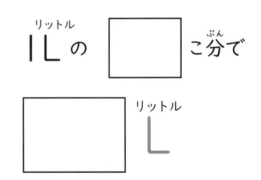
□ L

■ L を れんしゅう しましょう。

水^{みず}の かさの たんい (2)

● 水^{すい}とうの 水^{みず}の かさは 何^{なん}dL^{デシリットル}ですか。

①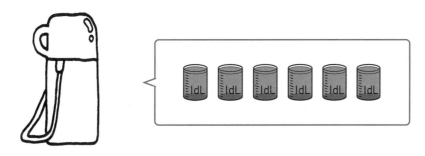

1dL^{デシリットル}の 6^{ぶん}こ分で

$$6 \quad dL^{デシリットル}$$

②

1dL^{デシリットル}の □ こ分^{ぶん}で

$$\boxed{} \quad dL^{デシリットル}$$

■ dL^{デシリットル}を れんしゅう しましょう。

 dL dL 1dL 2dL 3dL 4dL 5dL

55

水の かさの たんい (3)

● つぎの 水の かさは 何L 何dL ですか。

①

②

③

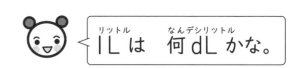

1L は 何dL かな。

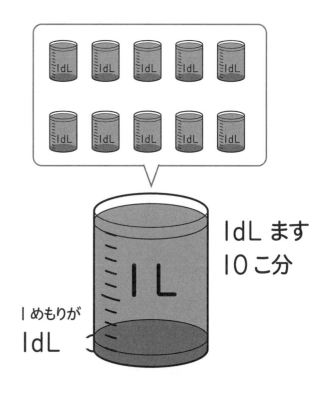

1dL ます 10こ分

1めもりが 1dL

1L = □ dL

56

水の かさの たんい (4)

● つぎの 入れものに 入る 水の かさを，それぞれ 2つの あらわし方で 書きましょう。

①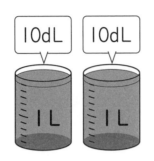

1L=10dL
だね。

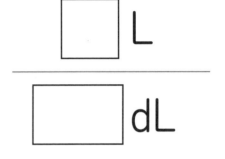

$$\frac{\boxed{}\ L}{\boxed{}\ dL}$$

②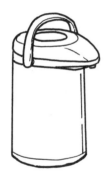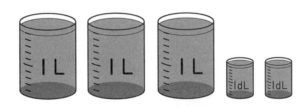

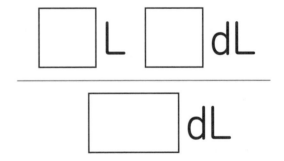

$$\frac{\boxed{}\ L\ \boxed{}\ dL}{\boxed{}\ dL}$$

③

$$\frac{\boxed{}\ L\ \boxed{}\ dL}{\boxed{}\ dL}$$

水の かさの たんい (5)

● つぎの 水の かさを, それぞれ 2つの あらわし方で 書きましょう。

①
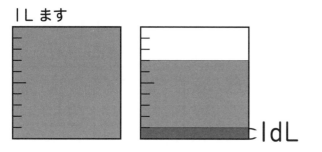

1L ます

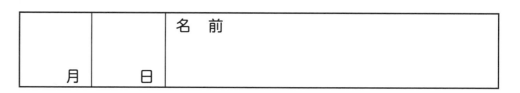

1L ますの
1めもりは
1dL だね。

←1dL

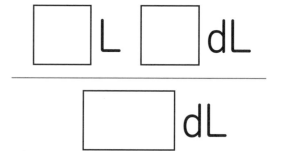

□ L □ dL

□ dL

②
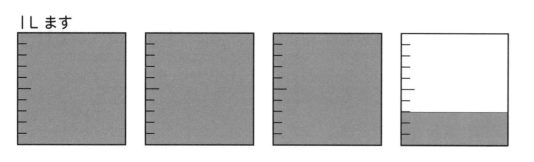

1L ます

□ L □ dL

□ dL

③
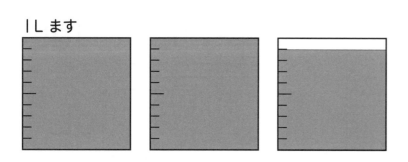

1L ます

□ L □ dL

□ dL

58

水の かさの たんい (6)

名 前

月　日

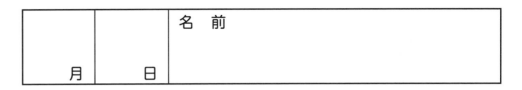

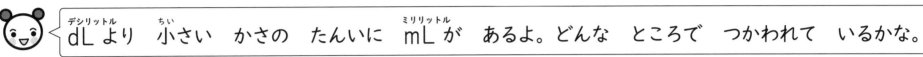

dL より 小さい かさの たんいに mL が あるよ。どんな ところで つかわれて いるかな。

1L ＝ 10dL

1L ＝ 1000mL

1dL ＝ 100mL

なぞって みよう。

① 13mL

② 200mL

③ 4mL

■ mL を れんしゅう しましょう。

mL　mL　1mL　2mL　3mL　4mL

水の かさの たんい (7)

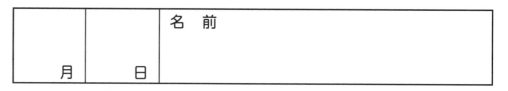
● ☐に あてはまる 数を 書きましょう。

① 3L = ☐ dL

> 1L=10dL
> 1L=1000mL
> 1dL=100mL

② 2L = ☐ mL

③ 5dL = ☐ mL

④ 1L8dL = ☐ dL

● ☐に あてはまる かさの たんいを L, dL, mL から えらんで 書きましょう。

①  なべ いっぱいに 入る 水の かさ　3 ☐

②  スプーン 1ぱいの 水の かさ　15 ☐

③ 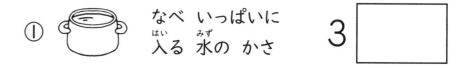 紙パックに 入る ジュースの かさ　5 ☐

水の かさの たんい (8)

● やかんに お茶が 2L4dL 入って います。
　ペットボトルに お茶が 1L3dL 入って います。
　お茶は あわせて どれだけ ありますか。

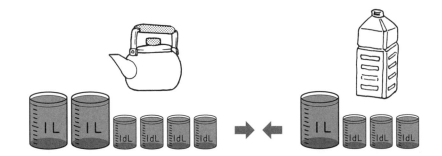

しき

2L4dL + 1L3dL = ☐ L ☐ dL

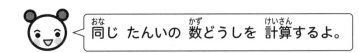
同じ たんいの 数どうしを 計算するよ。

答え

● 牛にゅうが 1L7dL ありました。
　だいきさんが あさ 5dL のみました。
　のこりの 牛にゅうは どれだけですか。

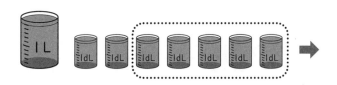

しき

1L7dL − 5dL = ☐ L ☐ dL

1L は そのまま のこって いるね。

答え

61

水の かさの たんい (9)

● 計算を しましょう。

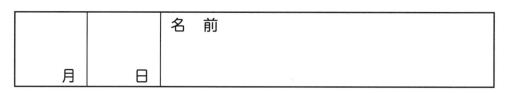

L に ○, dL に △など,
同じ たんいに しるしを つけて おくと
わかりやすいよ。

① 5Ⓛ + 7Ⓛ = ☐ Ⓛ

② 1Ⓛ 2d△ + 3d△ = ☐ Ⓛ ☐ d△

③ 3L 4dL + 2L = ☐ L ☐ dL

④ 4L 6dL + 1L 2dL = ☐ L ☐ dL

⑤ 1L 5dL + 5dL = ☐ L

⑤ は,
5dL+5dL=10dL
10dL=1L だね。

水の かさの たんい (10)

● 計算を しましょう。

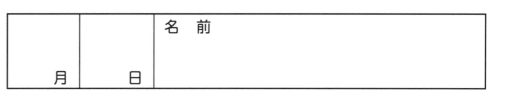

同じ たんいに しるしを つけて おくと わかりやすいよ。

① 8dL − 3dL = ☐ dL

② 5L 7dL − 2L 3dL = ☐ L ☐ dL

③ 9L 2dL − 5L = ☐ L ☐ dL

④ 3L 9dL − 2dL = ☐ L ☐ dL

⑤ 1L − 4dL = ☐ dL

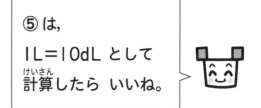

⑤ は,
1L = 10dL として
計算したら いいね。

時こくと　時間 (1)

● 時計を　見て　答えましょう。

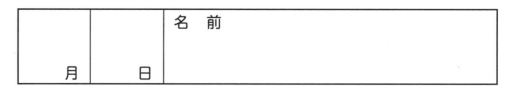

1 めもり うごくと 1分だよ。

家を　出る

公園に　つく

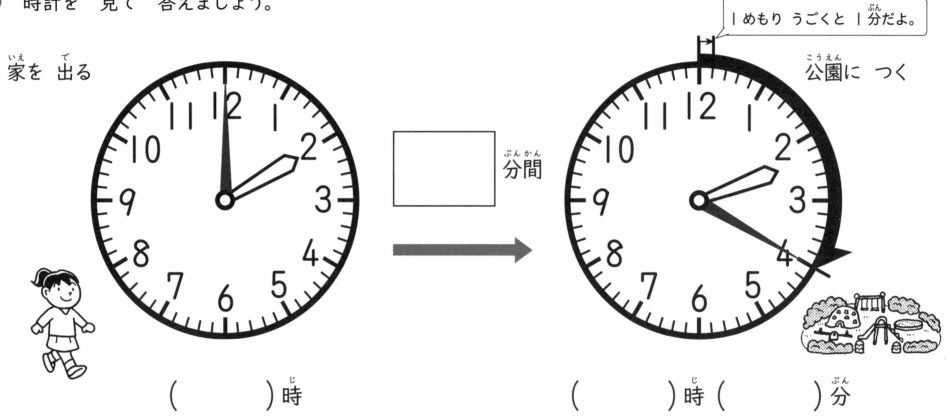

分間

（　　　　）時

（　　　　）時（　　　　）分

① 家を　出た　時こくと，公園に　ついた　時こくを　（ ）に　書きましょう。

② 家を　出てから　公園に　つくまでの　時間を　□　に　書きましょう。

時こくと 時間 (2)

名 前

月　日

● 時計の 時こくを （ ）に 書き，㋐から ㋑までの 時間を ☐に 書きましょう。

① ㋐　　　　　　　　　　　　　　㋑

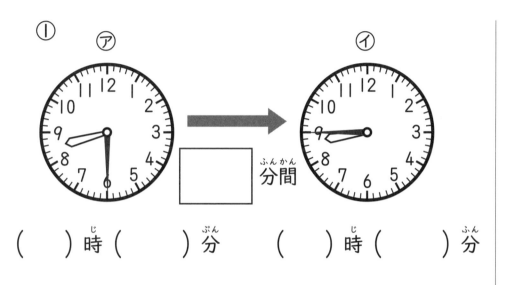

☐ 分間

（　　）時（　　）分　　　（　　）時（　　）分

② ㋐　　　　　　　　　　　　　　㋑

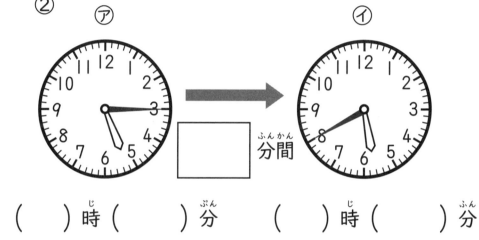

☐ 分間

（　　）時（　　）分　　　（　　）時（　　）分

③ ㋐　　　　　　　　　　　　　　㋑

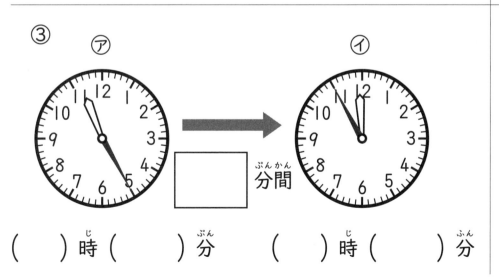

☐ 分間

（　　）時（　　）分　　　（　　）時（　　）分

④ ㋐　　　　　　　　　　　　　　㋑

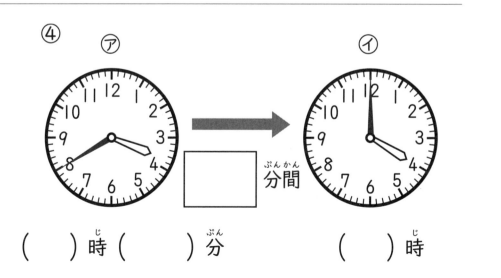

☐ 分間

（　　）時（　　）分　　　（　　）時

時こくと 時間 (3)

● 時計の 時こくを （　）に 書き，⑦から ⑦までの 時間を □ に 書きましょう。

①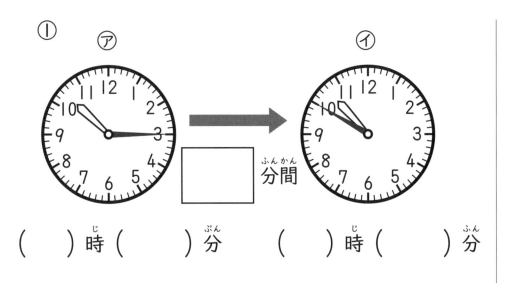

（　　）時 （　　）分　　（　　）時 （　　）分

②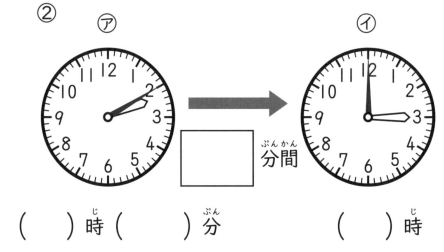

（　　）時 （　　）分　　（　　）時

③

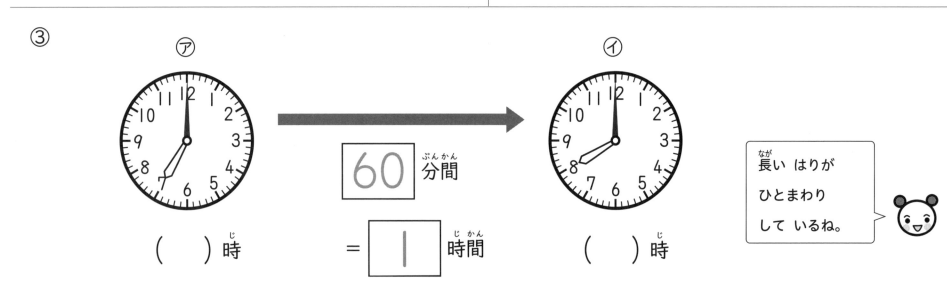

（　　）時　　＝ | 時間　　（　　）時

長い はりが
ひとまわり
して いるね。

時こくと 時間 (4)

名 前

月　日

● 「今」から １時間前と １時間後の 時こくを （ ）に 書きましょう。

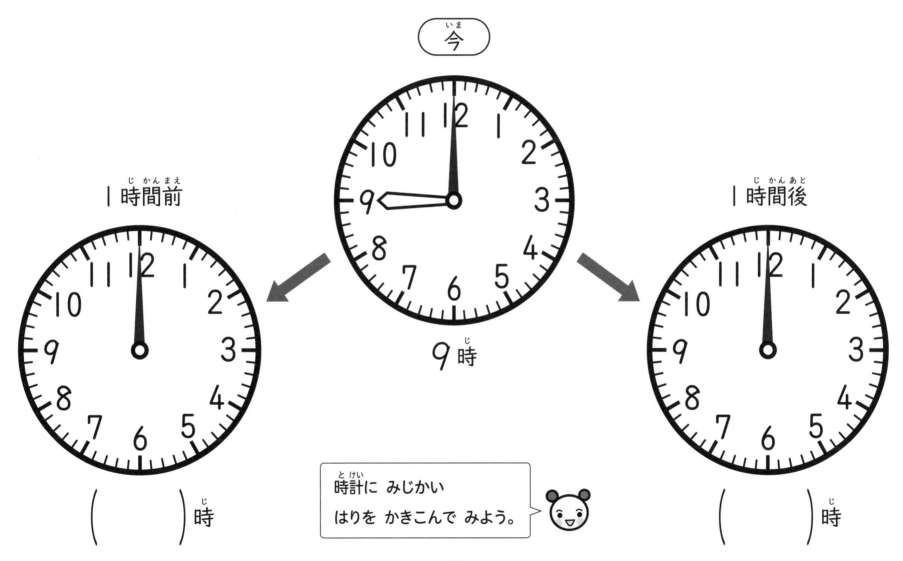

今

１時間前

１時間後

9時

（　　　）時

（　　　）時

時計に みじかい
はりを かきこんで みよう。

67

時こくと　時間 (5)

● 「今」から　1時間前と　1時間後の　時こくを　それぞれ　（　）に　書きましょう。

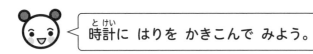
時計に　はりを　かきこんで　みよう。

①

1時間前

今

1時間後

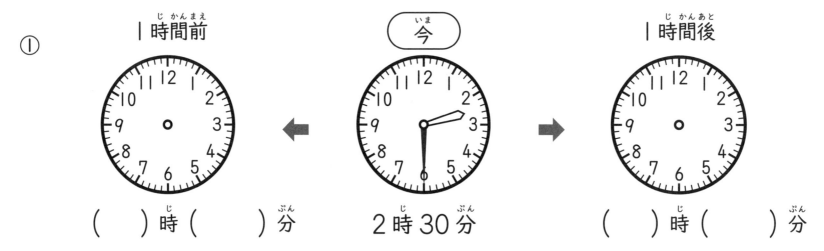

（　）時（　）分　　2時30分　　（　）時（　）分

②

1時間前

今

1時間後

（　）時（　）分　　5時45分　　（　）時（　）分

68

時こくと　時間 (6)

● ○分後の　時こくを　それぞれ　（　）に　書きましょう。

①

時計に はりを かきこんで みよう。

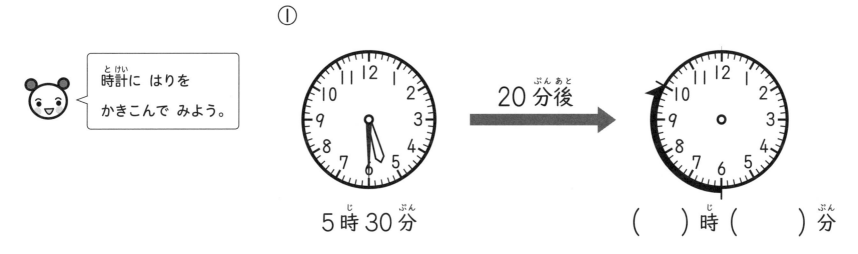

5時30分　　20分後　　（　）時（　）分

②

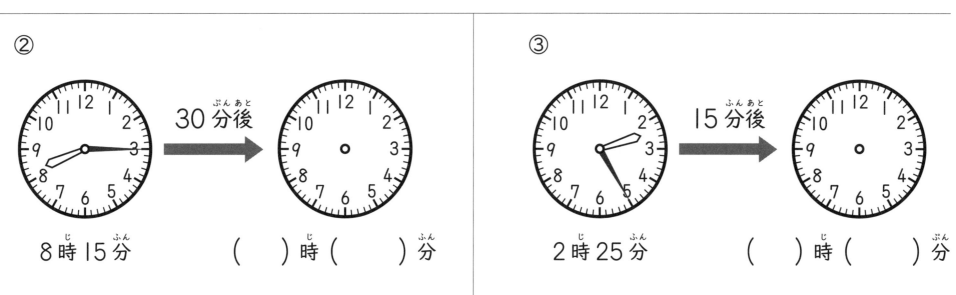

8時15分　　30分後　　（　）時（　）分

③

2時25分　　15分後　　（　）時（　）分

		名　前
月	日	

● 〇分前<ruby>ぷんまえ</ruby>の　時<ruby>じ</ruby>こくを　それぞれ　（　）に　書<ruby>か</ruby>きましょう。

①

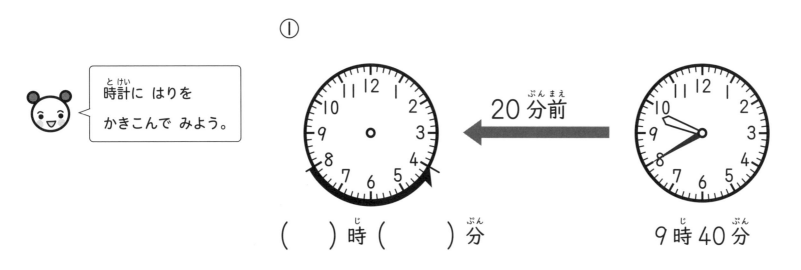

時計<ruby>とけい</ruby>に　はりを
かきこんで　みよう。

（　　　）時<ruby>じ</ruby>（　　　　　）分<ruby>ぷん</ruby>　　　9時<ruby>じ</ruby>40分<ruby>ぷん</ruby>

②

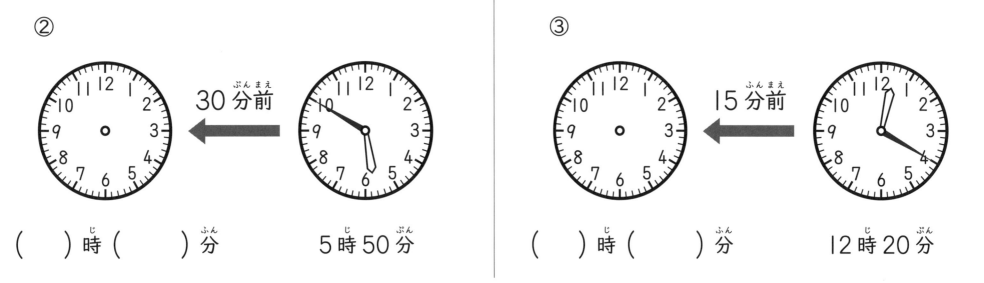

（　　　）時<ruby>じ</ruby>（　　　　　）分<ruby>ふん</ruby>　　　5時<ruby>じ</ruby>50分<ruby>ぷん</ruby>

③

（　　　）時<ruby>じ</ruby>（　　　　　）分<ruby>ふん</ruby>　　　12時<ruby>じ</ruby>20分<ruby>ぷん</ruby>

時こくと　時間 (8)

● 午前，午後を　つかって，時計の　時こくを　書きましょう。

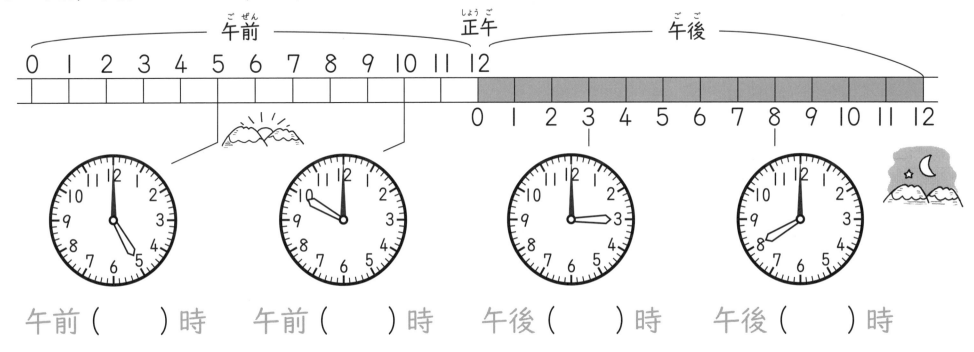

午前（　　）時　　　午前（　　）時　　　午後（　　）時　　　午後（　　）時

● □に　あてはまる　数を　書きましょう。

① 午前は □ 時間，午後は □ 時間です。

② 1日は □ 時間です。

時こくと 時間 (9)

● 下の 時計の 時こくを 見て 答えましょう。

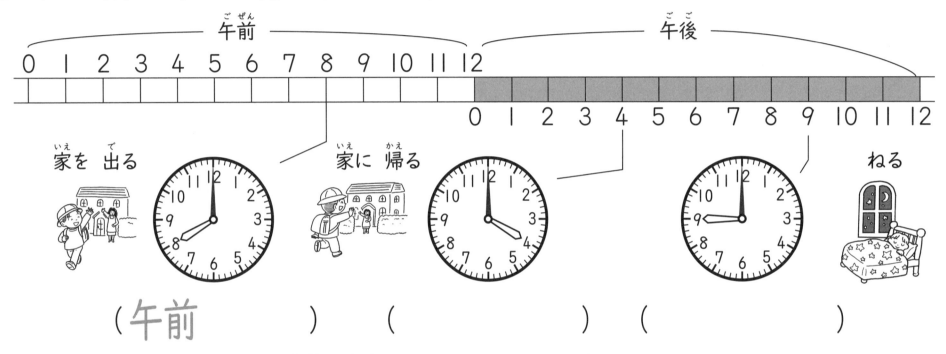

午前 ―――――――――――― 午後 ――――――――――――

0 1 2 3 4 5 6 7 8 9 10 11 12

0 1 2 3 4 5 6 7 8 9 10 11 12

家を 出る　　　　　家に 帰る　　　　　　　　　　　　ねる

(午前　　　　　　　) (　　　　　　　) (　　　　　　　　)

① 上の 時計の 時こくを 午前, 午後を つけて ( )に 書きましょう

② 家を 出てから 家に 帰るまでの 時間は 何時間ですか。 　　時間

③ 家に 帰ってから ねるまでの 時間は 何時間ですか。 　　時間

名　前

月　　日

● （　）の　中を　さきに　計算して　答えを　出しましょう。

① 9 + (8 + 2) = 9 + ☐

さきに
けいさん
計算するよ

= ☐

② 6 + (7 + 3) = 6 + ☐

= ☐

③ 15 + (9 + 1) = 15 + ☐

= ☐

④ 8 + (15 + 5) = 8 + ☐

= ☐

⑤ 27 + (6 + 4) = 27 + ☐

= ☐

計算の くふう (2)

● （　）を つけて くふうして 計算しましょう。

① 7 + (6 + 4) = ☐

さきに 計算すると
答えは 10

② 2 + 8 + 6 = ☐

③ 9 + 7 + 3 = ☐

④ 8 + 5 + 5 = ☐

⑤ 4 + 9 + 1 = ☐

⑥ 8 + 2 + 13 = ☐

あわせて 10に なる 2つの
数を 見つけると いいね。

		名 前
月	日	

● 43 ＋ 85 を ひっ算で しましょう。

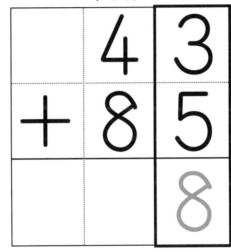

❶ くらいを たてに そろえて 書く。

❷ 一のくらいの 計算

3 ＋ 5 ＝ ☐

❸ 十のくらいの 計算

4 ＋ 8 ＝ ☐

百のくらいに 1 くり上げる

43 ＋ 85 ＝ ☐

たし算と ひき算の ひっ算 (2)

月	日	名 前

● ひっ算で しましょう。

① 70 ＋ 50

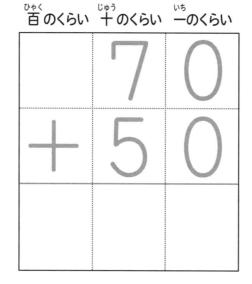

百のくらい	十のくらい	一のくらい
	7	0
＋	5	0

② 52 ＋ 94

③ 83 ＋ 26

> 十のくらいの 計算は
> 8 ＋ 2 ＝ 10
> 答えの 十のくらいは
> 0に なるね。

④ 48 ＋ 60

たし算と　ひき算の
ひっ算（3）

たし算
（くり上がり 2 回）

● 56 ＋ 78 を　ひっ算で　しましょう。

十のくらい　一のくらい

```
   5 6
 + 7 8
```

→

一のくらい

```
   5 6
 + 7 8
     4
```

①

→

百のくらい　　十のくらい

```
   5 6
 + 7 8
 1 3 4
```

①

❶ くらいを　たてに
　そろえて　書く。

❷ 一のくらいの　計算

6 ＋ 8 ＝

十のくらいに　1　くり上げる。

❸ 十のくらいの　計算

① ＋ 5 ＋ 7 ＝

百のくらいに　1　くり上げる。

56 ＋ 78 ＝

77

		名　前
月	日	

● ひっ算で しましょう。

① 47 + 53

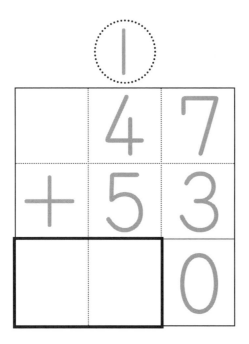

② 95 + 38

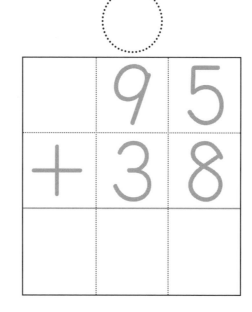

③ 94 + 6

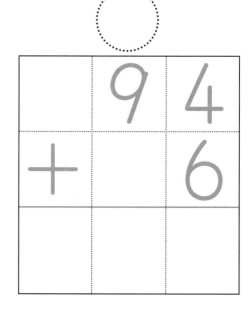

十のくらいの 計算は
①＋4＋5＝10
に なるね。

くり上げた 1を
わすれずに
計算してね。

くらいに 気をつけて
計算しよう。

		名 前
月	日	

● ひっ算で しましょう。

① 63 + 59

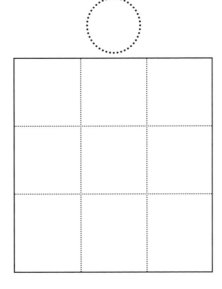

② 8 + 96

③ 72 + 28

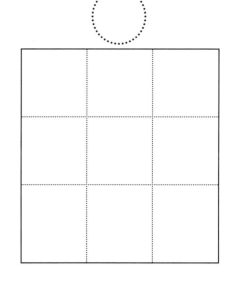

④ 86 + 75

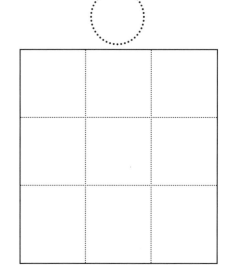

くり上がった 1 を
たすのを わすれずに。

● ひっ算で　しましょう。

① 50 ＋ 64

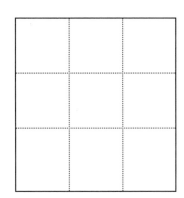

② 85 ＋ 36

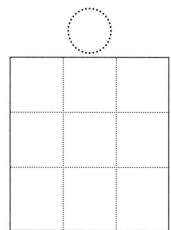

③ 63 ＋ 77

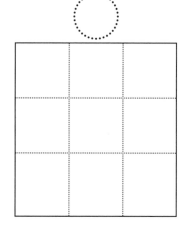

④ 48 ＋ 52

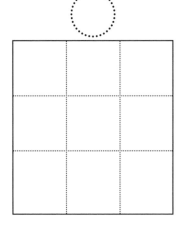

⑤ 7 ＋ 99

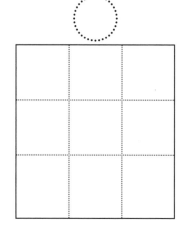

くり上げた1を
わすれずに　計算しよう。

80

たし算と ひき算の ひっ算 (7)

ひき算
（くり下がり 1回）

● 157 − 83 を ひっ算で しましょう。

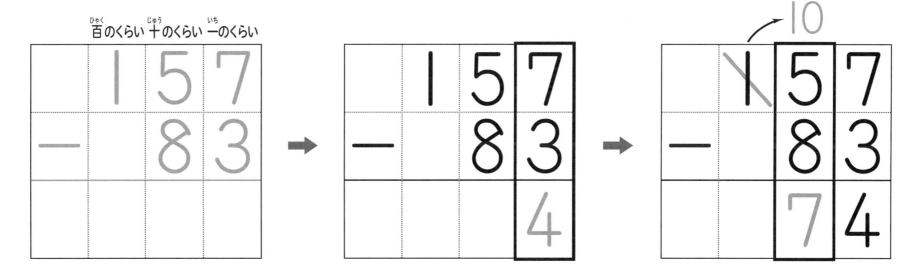

百のくらい　十のくらい　一のくらい

❶ くらいを たてに そろえて 書く。

❷ 一のくらいの 計算

$$7 - 3 = \boxed{}$$

❸ 十のくらいの 計算

5 から 8 は ひけない。
百のくらいから 1 くり下げる。

$$15 - 8 = \boxed{}$$

$$157 - 83 = \boxed{}$$

たし算と ひき算の ひっ算 (8)

月	日	名 前

● ひっ算で しましょう。

① 126 − 56

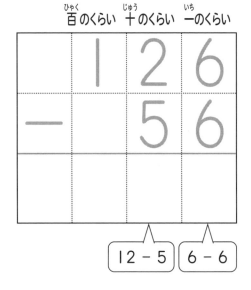

百のくらい 十のくらい 一のくらい

```
  1  2  6
−    5  6
```

12 − 5   6 − 6

③ 132 − 70

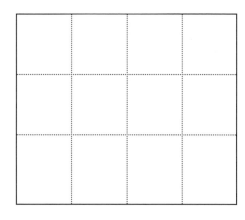

② 109 − 44

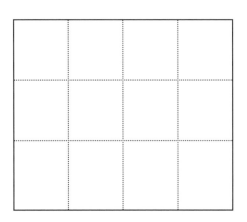

十のくらいの 計算は
10 − 4 に なるね。

④ 148 − 67

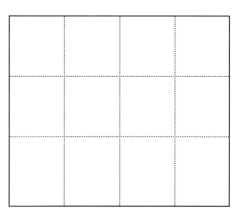

82

たし算と ひき算の ひっ算 (9)

名前

月　日

● 134 − 56 を ひっ算で しましょう。

百のくらい 十のくらい 一のくらい

```
   1 3 4
 −   5 6
```

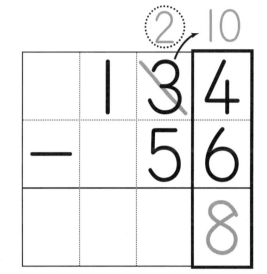

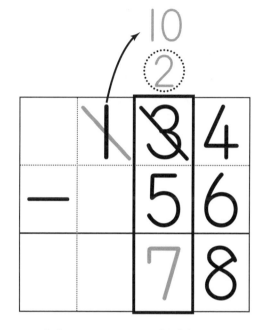

❶ くらいを たてに そろえて 書く。

❷ 一のくらいの 計算

4 から 6は ひけない。
十のくらいから 1 くり下げる。

14 − 6 = ☐

❸ 十のくらいの 計算

1 くり下げたので 2
2 から 5は ひけない。
百のくらいから 1 くり下げる。

12 − 5 = ☐

134 − 56 = ☐

83

たし算と ひき算の ひっ算 (10)

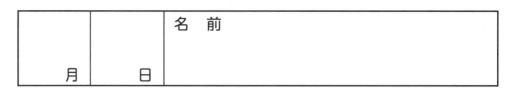

ひき算
（くり下がり2回）

名　前

月　日

● ひっ算で しましょう。

① 123 − 29

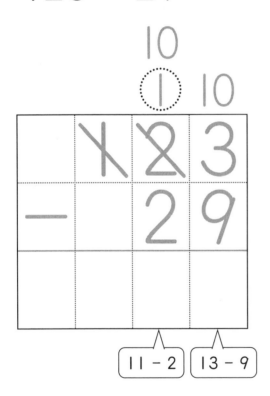

11 − 2　　13 − 9

② 110 − 83

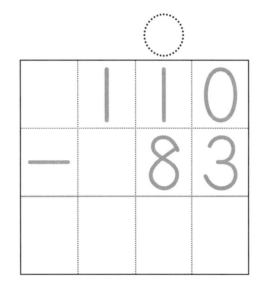

③ 140 − 45

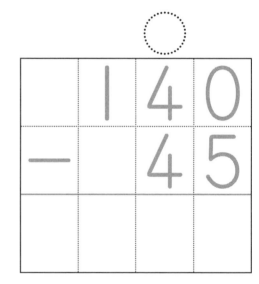

ひけない ときは 上の くらいから 1くり下げて 計算するよ。
1くり下げたので 1少なく なった ことを わすれないよう 書いて おこう。

84

たし算と ひき算の ひっ算 (11)

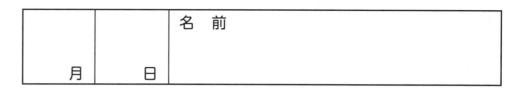

ひき算
(くり下がり 2回)

名前

月　日

● ひっ算で しましょう。

① 103 − 58

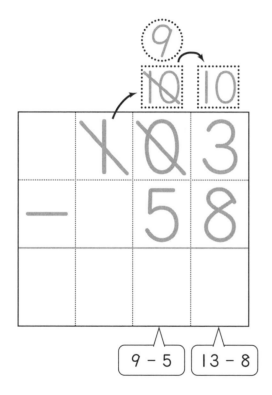

9 − 5　13 − 8

② 100 − 34

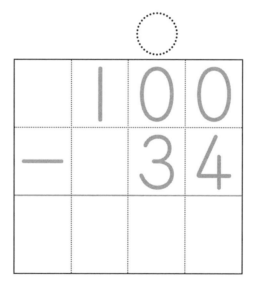

③ 100 − 6

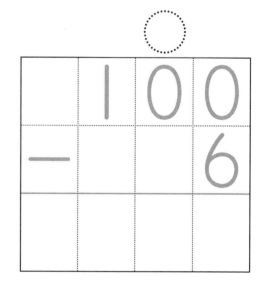

十のくらいが 0の ときは 百のくらいから 十のくらいへ 1 くり下げて, つぎに 十のくらいから 一のくらいへ 1 くり下げるよ。

たし算と　ひき算の　ひっ算 (12)

ひき算
（くり下がり 2 回）

● ひっ算で　しましょう。

① 117 − 58

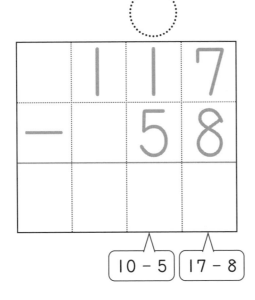

10 − 5　　17 − 8

② 160 − 82

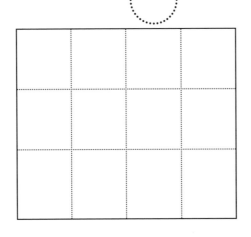

③ 105 − 69

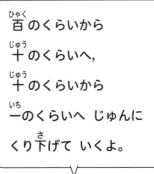

百のくらいから

十のくらいへ，

十のくらいから

一のくらいへ　じゅんに

くり下げて　いくよ。

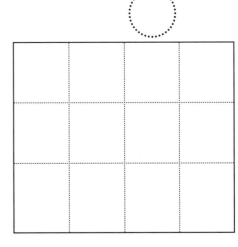

④ 100 − 47

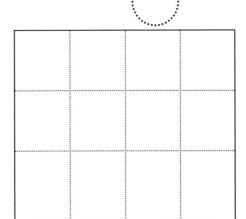

86

たし算と ひき算の ひっ算 (13)

ひき算
（くり下がり 1回・2回）

名前

月　日

● ひっ算で しましょう。

① 164 − 90

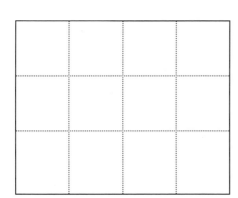

② 133 − 65

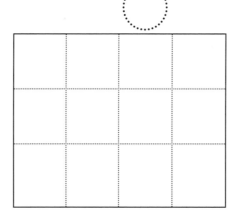

③ 170 − 92

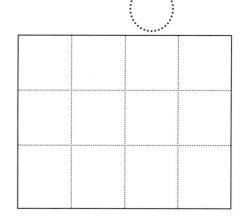

④ 102 − 47

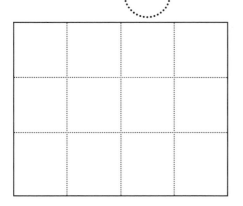

⑤ 100 − 8

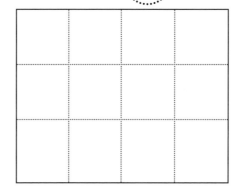

ひけない ときは 上の くらいから
1 くり下げる。上の くらいが
0の ときは，さらに 上の
くらいから 1 くり下げて こよう。

たし算と ひき算の ひっ算 (14)

名前

月　日

● ひっ算で しましょう。

① 526 + 73

② 235 + 46

③ 708 + 52

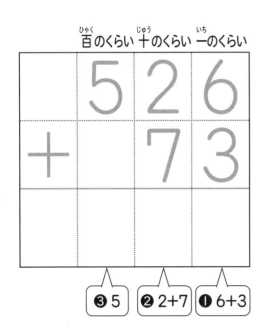

百のくらい　十のくらい　一のくらい

```
  5 2 6
+   7 3
```

❸ 5　❷ 2+7　❶ 6+3

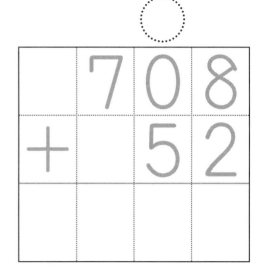

```
  2 3 5
+   4 6
```

```
  7 0 8
+   5 2
```

 これまでと 同じように 一のくらいから じゅんに 計算して いこう。

 百のくらいは そのまま おろせば いいよ。

 くり上がった 1を わすれずに 計算してね。

88

たし算と ひき算の ひっ算 (15)

3けたの 数の ひき算

名前

月　日

● ひっ算で しましょう。

① 469 - 35

② 831 - 23

③ 285 - 6

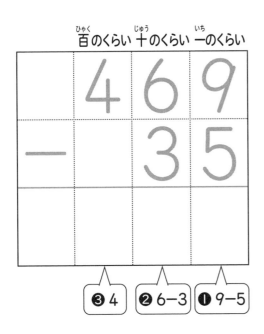

百のくらい　十のくらい　一のくらい

	4	6	9
-		3	5

❸ 4　❷ 6-3　❶ 9-5

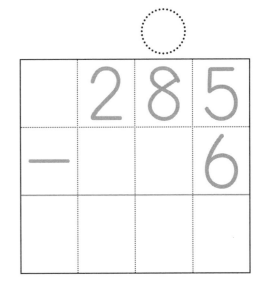

	8	3	1
-		2	3

	2	8	5
-			6

 これまでと 同じように 一のくらいから じゅんに 計算して いこう。

 ひけないときは 上の くらいから 1くり下げて こよう。

ひく数が ないときは, 十のくらいや 百のくらいは そのまま おろせば いいね。

解答 児童に実施させる前に，必ず指導される方が問題を解いてください。本書の解答は，あくまでも１つの例です。指導される方の作られた解答をもとに，本書の解答例を参考に児童の多様な考えに寄り添って○つけをお願いします。

P.4

ひょうと グラフ (1)

名前　月　日

● どうぶつの 数を しらべましょう。

① どうぶつの 数を ひょうに かきましょう。

どうぶつの 数しらべ

どうぶつ	さる	ねこ	ひつじ	うさぎ
数（ひき）	2	5	3	4

② どうぶつの 数を ○を つかって グラフに あらわしましょう。

さるは 2ひきだから 下から 2こ ○を かくよ。

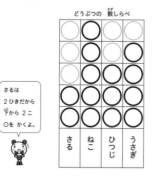

どうぶつの 数しらべ

P.5

ひょうと グラフ (2)

名前　月　日

● くだものの 数を しらべましょう。

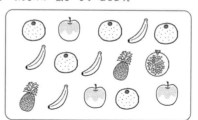

① くだものの 数を ひょうに かきましょう。

くだものの 数しらべ

くだもの	りんご	みかん	メロン	パイナップル	バナナ
数（こ）	3	5	1	2	4

② くだものの 数を ○を つかって グラフに あらわしましょう。

下から ○を かいて いこう。

くだものの 数しらべ

③ いちばん 多い くだものは 何ですか。

みかん

④ いちばん 少ない くだものは 何ですか。

メロン

P.6

ひょうと グラフ (3)

名前　月　日

● 2年1組で すきな おやつを しらべました。

すきな おやつしらべ

おやつ	ドーナツ	チョコレート	アイスクリーム	クッキー	ケーキ
人数（人）	3	5	7	3	2

① 上の ひょうの 人数を ○を つかって グラフに あらわしましょう。

グラフに あらわすと 数の 多い 少ないが よく わかるよ。

 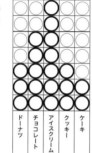

すきな おやつしらべ

② 人数が いちばん 少ない おやつは 何ですか。

ケーキ

③ 人数が 2ばんめに 多い おやつは 何ですか。

チョコレート

④ 人数が 同じ おやつは 何と 何ですか。

ドーナツ と **クッキー**

P.7

たし算の ひっ算 (1)　くり上がりなし

名前　月　日

● 32 + 15 を ひっ算で しましょう。

あわせると

❶ くらいを たてに そろえて 書く。

十のくらい	一のくらい
3	2
+1	5

❷ 一のくらいの 計算

十のくらい	一のくらい
3	2
+1	5
	7

2 + 5 = ☐7

❸ 十のくらいの 計算

十のくらい	一のくらい
3	2
+1	5
4	7

3 + 1 = ☐4

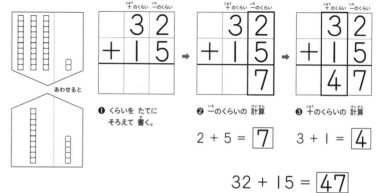

32 + 15 = ☐47☐

90

P.8

たし算の ひっ算 (2)　くり上がりなし

名前　月　日

● ひっ算で しましょう。

① 25 + 43

十のくらい｜一のくらい

```
  2 5
+ 4 3
-----
  6 8
```

くらいごとに 計算しよう。

② 57 + 32

```
  5 7
+ 3 2
-----
  8 9
```

③ 41 + 36

```
  4 1
+ 3 6
-----
  7 7
```

④ 24 + 62

```
  2 4
+ 6 2
-----
  8 6
```

8

P.9

たし算の ひっ算 (3)　くり上がりなし

名前　月　日

● ひっ算で しましょう。

① 26 + 30

十のくらい｜一のくらい

```
  2 6
+ 3 0
-----
  5 6
```

② 53 + 4

```
  5 3
+   4
-----
  5 7
```

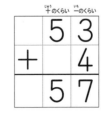

③ 8 + 40

```
    8
+ 4 0
-----
  4 8
```

一のくらいの 計算は 6 + 0 だね。

4は 一のくらいに 書くよ。

くらいに 気をつけて 書いてみよう。

9

P.10

たし算の ひっ算 (4)　くり上がりなし

名前　月　日

● ひっ算で しましょう。

① 70 + 17

十のくらい｜一のくらい

```
  7 0
+ 1 7
-----
  8 7
```

② 31 + 8

```
  3 1
+   8
-----
  3 9
```

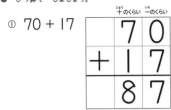
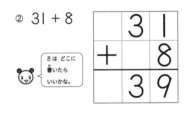
8は どこに 書いたら いいかな。

③ 5 + 42

```
    5
+ 4 2
-----
  4 7
```

④ 50 + 20

```
  5 0
+ 2 0
-----
  7 0
```

10

P.11

たし算の ひっ算 (5)　くり上がりなし

名前　月　日

● ひっ算で しましょう。

① 42 + 36

十のくらい｜一のくらい

```
  4 2
+ 3 6
-----
  7 8
```

② 60 + 27

```
  6 0
+ 2 7
-----
  8 7
```

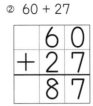

③ 3 + 92

```
    3
+ 9 2
-----
  9 5
```

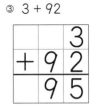

④ 54 + 5

```
  5 4
+   5
-----
  5 9
```

⑤ 40 + 30

```
  4 0
+ 3 0
-----
  7 0
```

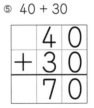

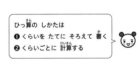
ひっ算の しかたは
❶ くらいを たてに そろえて 書く
❷ くらいごとに 計算する

11

解答 児童に実施させる前に，必ず指導される方が問題を解いてください。本書の解答は，あくまでも１つの例です。指導される方の作られた解答をもとに，本書の解答例を参考に児童の多様な考えに寄り添って○つけをお願いします。

P.12

たし算の ひっ算 (6)　1けた＋1けた くり上がりあり

● ひっ算で しましょう。

$$8 + 5 = \boxed{13}$$

十のくらい 一のくらい

$$\begin{array}{r} 8 \\ + 5 \\ \hline 13 \end{array}$$

くり上がった 1は 十のくらいに 書くよ。

①
$$\begin{array}{r} 9 \\ + 2 \\ \hline 11 \end{array}$$

②
$$\begin{array}{r} 7 \\ + 8 \\ \hline 15 \end{array}$$

③
$$\begin{array}{r} 6 \\ + 7 \\ \hline 13 \end{array}$$

④
$$\begin{array}{r} 3 \\ + 9 \\ \hline 12 \end{array}$$

12

P.13

たし算の ひっ算 (7)　くり上がりあり

● 28 + 17 を ひっ算で しましょう。

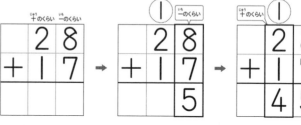

十のくらい 一のくらい

$$\begin{array}{r} 28 \\ + 17 \\ \hline \end{array}$$ → $$\begin{array}{r} 28 \\ + 17 \\ \hline 5 \end{array}$$ → $$\begin{array}{r} 28 \\ + 17 \\ \hline 45 \end{array}$$

❶ くらいを たてに そろえて 書く。

❷ 一のくらいの 計算
$$8 + 7 = \boxed{15}$$
十のくらいに 1くり上げる。

❸ 十のくらいの 計算
$$①+2+1=\boxed{4}$$

$$28 + 17 = \boxed{45}$$

13

P.14

たし算の ひっ算 (8)　くり上がりあり

● ひっ算で しましょう。

① 35 + 26
$$\begin{array}{r} 35 \\ + 26 \\ \hline 61 \end{array}$$

十のくらいの 計算は ①+3+2=□

② 49 + 13
$$\begin{array}{r} 49 \\ + 13 \\ \hline 62 \end{array}$$

③ 26 + 57
$$\begin{array}{r} 26 \\ + 57 \\ \hline 83 \end{array}$$

④ 68 + 24
$$\begin{array}{r} 68 \\ + 24 \\ \hline 92 \end{array}$$

14

P.15

たし算の ひっ算 (9)　くり上がりあり

● ひっ算で しましょう。

① 42 + 18
$$\begin{array}{r} 42 \\ + 18 \\ \hline 60 \end{array}$$

② 39 + 7
$$\begin{array}{r} 39 \\ + 7 \\ \hline 46 \end{array}$$

③ 6 + 74
$$\begin{array}{r} 6 \\ + 74 \\ \hline 80 \end{array}$$

一のくらいは 2+8＝10で 0に なるね。

十のくらいの 計算は ①＋3だね。

くらいに 気をつけて 計算しよう。

15

92

P.16

たし算の ひっ算（10）　くり上がりあり

		名前
月	日	

● ひっ算で しましょう。

① 47＋23

十のくらいに くり上がった １を たすのを わすれずに。

```
  ① 
  4 7
+ 2 3
  7 0
```

③ 5＋75

```
  ① 
    5
+ 7 5
  8 0
```

② 35＋8

```
  ① 
  3 5
+   8
  4 3
```

④ 64＋7

```
  ① 
  6 4
+   7
  7 1
```

16

P.17

たし算の ひっ算（11）　くり上がりあり

		名前
月	日	

● ひっ算で しましょう。

① 53＋28

```
  ① 
  5 3
+ 2 8
  8 1
```

② 9＋26

```
  ① 
    9
+ 2 6
  3 5
```

③ 36＋14

```
  ① 
  3 6
+ 1 4
  5 0
```

④ 83＋7

```
  ① 
  8 3
+   7
  9 0
```

⑤ 19＋45

```
  ① 
  1 9
+ 4 5
  6 4
```

ひっ算の しかたは
❶ くらいを たてに そろえて 書く
❷ くらいごとに 計算する

17

P.18

たし算の ひっ算（12）

		名前
月	日	

● りんごは，ぜんぶで 何こ ありますか。しきを 書いて，答えを まとめましょう。

赤い りんご 13こ　青い りんご 8こ

赤い りんご　青い りんご　ぜんぶで
13 ＋ 8 ＝ 21

青い りんご　赤い りんご　ぜんぶで
8 ＋ 13 ＝ 21

たされる数
たす数
```
  1 3
+   8
  2 1
```
答え 21 こ

```
    8
+ 1 3
  2 1
```
答え 21 こ

たされる数と たす数を 入れかえて 計算しても
答えは 同じだね。

18

P.19

たし算の ひっ算（13）　父しょうだい

		名前
月	日	

● けんたさんは 46円の ガムと 18円の あめを 買いました。
あわせて いくらに なりますか。

しき　46＋18＝64

ひっ算で してみよう

```
  4 6
+ 1 8
  6 4
```
答え 64 円

● ゆかさんは シールを 37まい もって います。お姉さんから 5まい もらいました。
シールは 何まいに なりましたか。

しき　37＋5＝42

ひっ算で してみよう

```
  3 7
+   5
  4 2
```
答え 42 まい

19

93

解答 ▷ 児童に実施させる前に，必ず指導される方が問題を解いてください。本書の解答は，あくまでも1つの例です。指導される方の作られた解答をもとに，本書の解答例を参考に児童の多様な考えに寄り添って○つけをお願いします。

P.20

ひき算の ひっ算 (1) くり下がりなし

名前 月 日

● 37 − 12 を ひっ算で しましょう。

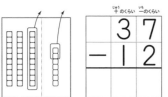

十のくらい	一のくらい
3	7
− 1	2

→

十のくらい	一のくらい
3	7
− 1	2
	5

→

十のくらい	一のくらい
3	7
− 1	2
2	5

❶ くらいを たてに そろえて 書く。

十のくらいから 10を 1本，一のくらいから 1を 2こ とるよ。

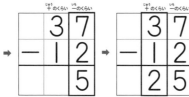

❷ 一のくらいの 計算

$7 - 2 = \boxed{5}$

❸ 十のくらいの 計算

$3 - 1 = \boxed{2}$

$37 - 12 = \boxed{25}$

20

P.21

ひき算の ひっ算 (2) くり下がりなし

名前 月 日

● ひっ算で しましょう。

① 58 − 26

十のくらい	一のくらい
5	8
− 2	6
3	2

 くらいごとに 計算しよう。

③ 72 − 50

	7	2
−	5	0
	2	2

② 45 − 34

	4	5
−	3	4
	1	1

④ 67 − 41

	6	7
−	4	1
	2	6

21

P.22

ひき算の ひっ算 (3) くり下がりなし

名前 月 日

● ひっ算で しましょう。

① 35 − 15

十のくらい	一のくらい
3	5
− 1	5
2	0

② 49 − 43

十のくらい	一のくらい
4	9
− 4	3
	6

③ 56 − 2

十のくらい	一のくらい
5	6
− (0)	2
5	4

一のくらいは 5−5＝0に なるね。

4−4は 0だけど 十のくらいに 0は 書かないよ。

十のくらいは 5−0と 考えたら いいね。

22

P.23

ひき算の ひっ算 (4) くり下がりなし

名前 月 日

● ひっ算で しましょう。

① 62 − 32

十のくらい	一のくらい
6	2
− 3	2
3	0

② 75 − 70

	7	5
−	7	0
		5

十のくらいの 答えに 気をつけて。

③ 84 − 3

	8	4
−		3
	8	1

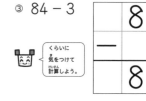 くらいに 気をつけて 計算しよう。

④ 59 − 57

	5	9
−	5	7
		2

23

94

児童に実施させる前に，必ず指導される方が問題を解いてください。本書の解答は，あくまでも１つの例です。指導される方の作られた解答をもとに，本書の解答例を参考に児童の多様な考えに寄り添って○つけをお願いします。 **解答**

P.24

ひき算の ひっ算 (5) くり下がりなし

月 日 名前

● ひっ算で しましょう。

① 54 - 11

```
十のくらい 一のくらい
  5   4
-     1   1
  4   3
```

② 86 - 30

```
  8  6
- 3  0
  5  6
```

③ 36 - 26

```
  3  6
- 2  6
  1  0
```

④ 78 - 74

```
  7  8
- 7  4
     4
```

⑤ 47 - 5

```
  4  7
-    5
  4  2
```

ひっ算の しかたは
❶ くらいを たてに そろえて 書く
❷ くらいごとに 計算する

24

P.25

ひき算の ひっ算 (6) くり下がりあり

月 日 名前

● 45 - 28 を ひっ算で しましょう。

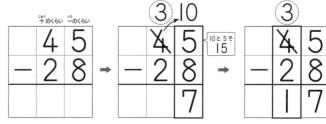

```
十のくらい 一のくらい
  4  5
- 2  8
```
→
```
 3 10
  4̸  5̸
- 2  8
     7
```
10と5で 15
→
```
  ③
  4̸  5
- 2  8
  1  7
```

❶ くらいを たてに そろえて 書く。

❷ 一のくらいの 計算
5から 8は ひけないので 十のくらいから 1くり下げる。
$15 - 8 = \boxed{7}$

❸ 十のくらいの 計算
1くり下げたので 3
$3 - 2 = \boxed{1}$

$45 - 28 = \boxed{17}$

25

P.26

ひき算の ひっ算 (7) くり下がりあり

月 日 名前

● ひっ算で しましょう。

① 32 - 17

```
 ② 12-7
  3̸  2
-  1  7
   1  5
```

十のくらいの 計算は 2-1に なるね。

② 54 - 26

```
 ④ 14-6
  5̸  4
-  2  6
   2  8
```

③ 77 - 48

```
 ⑥
  7̸  7
-  4  8
   2  9
```

④ 63 - 27

```
 ⑤
  6̸  3
-  2  7
   3  6
```

26

P.27

ひき算の ひっ算 (8) くり下がりあり

月 日 名前

● ひっ算で しましょう。

① 50 - 16

```
 ④ 10-6
  5̸  0
-  1  6
   3  4
```

一のくらいは 十のくらいから 1くり下げて 10-6に なるね。

② 46 - 39

```
 ③ 16-9
  4̸  6
-  3  9
      7
```

$3 - 3 = 0$
十のくらいに 0は 書かないよ。

③ 75 - 8

```
 ⑥
  7̸  5
-     8
   6  7
```

十のくらいは 6-0と 考えたら いいね。

27

95

P.28

ひき算の ひっ算（9）　くり下がりあり

月	日	名前

● ひっ算で しましょう。

① 80 − 53　⑦ ⎡10 − 3⎤

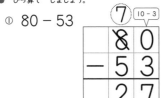

```
  8̸ 0
− 5 3
  2 7
```

② 54 − 48　④

```
  5̸ 4
− 4 8
    6
```

③ 60 − 7　⑤

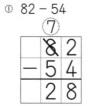

```
  6̸ 0
−   7
  5 3
```

④ 33 − 5　②

```
  3̸ 3
−   5
  2 8
```

28

P.29

ひき算の ひっ算（10）　くり下がりあり

月	日	名前

● ひっ算で しましょう。

① 82 − 54　⑦

```
  8̸ 2
− 5 4
  2 8
```

② 70 − 68　⑥

```
  7̸ 0
− 6 8
    2
```

③ 47 − 9　③

```
  4̸ 7
−   9
  3 8
```

④ 61 − 22　⑤

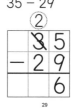

```
  6̸ 1
− 2 2
  3 9
```

⑤ 35 − 29　②

```
  3̸ 5
− 2 9
    6
```

> 一のくらいに１くり下げて
> 計算するよ。十のくらいの
> ひかれる数が１少なくなる
> ことを わすれずに。

29

P.30

ひき算の ひっ算（11）

月	日	名前

● いちごが 25こ ありました。12こ 食べました。のこりは 何こですか。

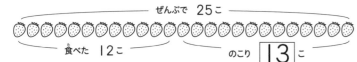

ぜんぶで 25こ

食べた 12こ　　のこり ⎡13⎤こ

しき ⎡25⎤ − ⎡12⎤ = ⎡13⎤

答え ⎡13⎤こ

> ひき算の 答えを
> たし算で たしかめてみよう。

ひかれる数 ⎡25⎤
ひく数 − ⎡12⎤
答え ⎡13⎤

⎡13⎤
+ ⎡12⎤
⎡25⎤

答えに
ひく数を たすと
ひかれる数に なる。

30

P.31

ひき算の ひっ算（12）　文しょうだい

月	日	名前

● おり紙が 54まい ありました。
16まい つかって つるを おりました。
のこりの おり紙は 何まいですか。

しき ⎡54 − 16 = 38⎤

ひっ算で してみよう

```
  5 4
− 1 6
  3 8
```

答え ⎡38⎤まい

● みかんが 22こ あります。
りんごが 9こ あります。
どちらが 何こ 多いですか。

しき ⎡22 − 9 = 13⎤

ひっ算で してみよう

```
  2 2
−   9
  1 3
```

答え ⎡みかん⎤が ⎡13⎤こ 多い。

31

96

P.32

長さの　たんい (1)

| | 名前 |
|月|日| |

● えんぴつの　長さは　何cmですか。

> １ますが１cmの工作用紙で
> 長さを　はかるよ。

① 1cm（1センチメートル）

1cmの **8** こ分で **8** cm（センチメートル）

② 1cmの **10** こ分で **10** cm（センチメートル）

③ 1cm

1cmの **5** こ分で **5** cm（センチメートル）

32

P.33

長さの　たんい (2)

| | 名前 |
|月|日| |

● 30cmの　ものさしの　めもりを　よみましょう。

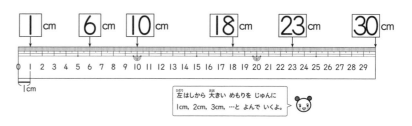

| **1**cm | **6**cm | **10**cm | **18**cm | **23**cm | **30**cm |

1cm

> 左はしから　大きい　めもりを　じゅんに
> 1cm, 2cm, 3cm, …と　よんで　いくよ。

■ cmを　れんしゅう　しましょう。

cm　cm　1cm　2cm　3cm　4cm　5cm

33

P.34

長さの　たんい (3)

| | 名前 |
|月|日| |

● テープの　長さは　何cmですか。

> 左はしから　大きい　めもりを　じゅんに
> よんで　いこう。

① 1cm　　**7** cm

② **15** cm

③ **12** cm

34

P.35

長さの　たんい (4)

| | 名前 |
|月|日| |

● ものさしを　つかって　★から　ありまでの　長さを　はかりましょう。

① ★

> ものさしの　はしや
> 0の　めもりを　あわせる

9 cm

② ★

4 cm

③ ★

12 cm

④ ★

7 cm

35

97

解答 ▷ 児童に実施させる前に，必ず指導される方が問題を解いてください。本書の解答は，あくまでも1つの例です。指導される方の作られた解答をもとに，本書の解答例を参考に児童の多様な考えに寄り添って○つけをお願いします。

P.36

長さの たんい (5)

		名前
月	日	

● ものさしの 小さな めもりを よみましょう。

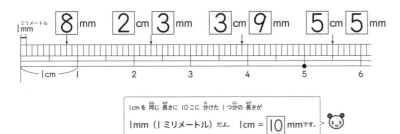

$\boxed{8}$ mm　$\boxed{2}$ cm $\boxed{3}$ mm　$\boxed{3}$ cm $\boxed{9}$ mm　$\boxed{5}$ cm $\boxed{5}$ mm

1cmを 同じ 長さに 10こに 分けた 1つ分の 長さが 1mm（1 ミリメートル）だよ。 1cm＝$\boxed{10}$ mmです。

■ mm を れんしゅう しましょう。

mm mm 1mm 2mm 3mm 4mm 5mm

36

P.37

長さの たんい (6)

		名前
月	日	

● テープの 長さは どれだけですか。めもりを よみましょう。

①
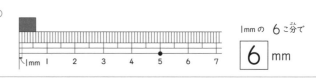
1mmの 6こ分で
$\boxed{6}$ mm

②
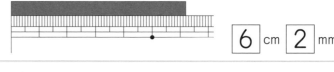
$\boxed{6}$ cm $\boxed{2}$ mm

③

$\boxed{3}$ cm $\boxed{7}$ mm

37

P.38

長さの たんい (7)

		名前
月	日	

● ものさしを つかって ★から てんとうむしまでの 長さを はかりましょう。

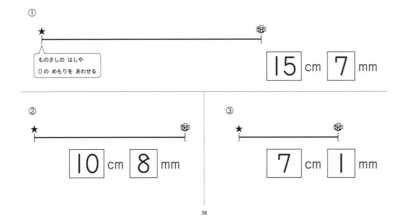

①
ものさしの はしや 0の めもりを あわせる
$\boxed{15}$ cm $\boxed{7}$ mm

②
$\boxed{10}$ cm $\boxed{8}$ mm

③
$\boxed{7}$ cm $\boxed{1}$ mm

38

P.39

長さの たんい (8)

		名前
月	日	

● ものさしを つかって 直線を ひきましょう。

① 10cm
ものさしの はしや 0の めもりを あわせる

略

② 8cm 4mm

③ 1cm 2mm

④ 5cm 4mm
5cm 4mmは どの どうぶつの ところかな。

39

98

児童に実施させる前に，必ず指導される方が問題を解いてください。本書の解答は，あくまでも１つの例です。指導される方の作られた解答をもとに，本書の解答例を参考に児童の多様な考えに寄り添って○つけをお願いします。

解答

P.40

長さの たんい (9)

	名 前
月　日	

● テープの 長さを 答えましょう。

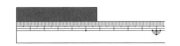

① テープの 長さは 何cm 何mm ですか。

$\boxed{5}$ cm $\boxed{8}$ mm

② テープの 長さは 何mm ですか。

$\boxed{58}$ mm

1cm = 10mm だから、5cm = 50mmに なるね。

● □ に あてはまる 数を 書きましょう。

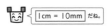
1cm = 10mm だね。

① 4cm = $\boxed{40}$ mm

② 9cm 3mm = $\boxed{93}$ mm

③ 70mm = $\boxed{7}$ cm

④ 85mm = $\boxed{8}$ cm $\boxed{5}$ mm

P.41

長さの たんい (10)

	名 前
月　日	

● 線の 長さは どれだけですか。

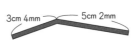
3cm 4mm　5cm 2mm

あわせるから たし算だね。

しき

3cm 4mm + 5cm 2mm = $\boxed{8}$ cm $\boxed{6}$ mm

同じ たんいの 数どうしを 計算するよ。

答え $\boxed{8cm\ 6mm}$

● 計算を しましょう。

① 8cm 7mm + 6cm = $\boxed{14}$ cm $\boxed{7}$ mm

② 7cm 8mm − 3cm 6mm = $\boxed{4}$ cm $\boxed{2}$ mm

③ 4cm 9mm − 7mm = $\boxed{4}$ cm $\boxed{2}$ mm

cm に ○、mm に △ など 同じ たんいに しるしを つけて おくと わかりやすいよ。

P.42

100より 大きい 数 (1)

	名 前
月　日	

● ねこは ぜんぶで 何びきですか。数字で 書きましょう。

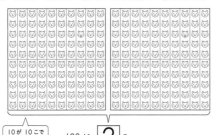 

10が 10こで 100

100が $\boxed{2}$ こ

10が $\boxed{3}$ こ　1が $\boxed{5}$ こ

二百	三十	五
百のくらい	十のくらい	一のくらい
2	3	5

ひき

P.43

100より 大きい 数 (2)

	名 前
月　日	

● ブロックの 数を 数字で 書きましょう。

① 三百四十六

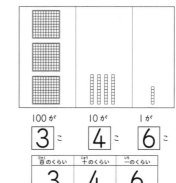

100が $\boxed{3}$ こ　10が $\boxed{4}$ こ　1が $\boxed{6}$ こ

百のくらい	十のくらい	一のくらい
3	4	6

② 二百六十

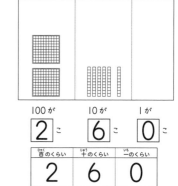

100が $\boxed{2}$ こ　10が $\boxed{6}$ こ　1が $\boxed{0}$ こ

百のくらい	十のくらい	一のくらい
2	6	0

P.44

100より 大きい 数 (3)

月	日	名 前

● ブロックの 数を 数字で 書きましょう。

① 四百八

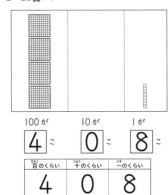

100が	10が	1が
4 こ	0 こ	8 こ

百のくらい	十のくらい	一のくらい
4	0	8

② 三百

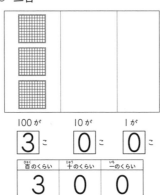

100が	10が	1が
3 こ	0 こ	0 こ

百のくらい	十のくらい	一のくらい
3	0	0

P.45

100より 大きい 数 (4)

月	日	名 前

● 数を 読んで 数字で 書きましょう。

① 五百七十九 ➡

百のくらい	十のくらい	一のくらい
5	7	9

② 八百十六 ➡

百のくらい	十のくらい	一のくらい
8	1	6

③ 四百二十一 ➡

百のくらい	十のくらい	一のくらい
4	2	1

④ 三百八十五 ➡

百のくらい	十のくらい	一のくらい
3	8	5

● 数を 読んで 数字で 書きましょう。

① 六百 ➡

百のくらい	十のくらい	一のくらい
6	0	0

② 二百三 ➡

百のくらい	十のくらい	一のくらい
2	0	3

③ 八百一 ➡

百のくらい	十のくらい	一のくらい
8	0	1

④ 九百 ➡

百のくらい	十のくらい	一のくらい
9	0	0

P.46

100より 大きい 数 (5)

月	日	名 前

● □に あてはまる 数を 書きましょう。

くらいの へやに 数を 入れると よく わかるね。

① 473は, 100を 4 こ, 10を 7 こ, 1を 3 こ
あわせた 数です。

百のくらい	十のくらい	一のくらい
4	7	3

② 605は, 100を 6 こ, 1を 5 こ
あわせた 数です。

百のくらい	十のくらい	一のくらい
6	0	5

③ 100を 3こ, 10を 2こ, 1を 9こ あわせた 数は
329 です。

百のくらい	十のくらい	一のくらい
3	2	9

④ 100を 8こ, 10を 7こ あわせた 数は
870 です。

百のくらい	十のくらい	一のくらい
8	7	0

P.47

100より 大きい 数 (6)

月	日	名 前

● □に あてはまる 数を 書きましょう。

① 10を 20こ あつめた 数は 200 です。

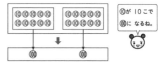

10が 10こで 100に なるね。

② 10を 16こ あつめた 数は 160 です。

③ 10を 32こ あつめた 数は 320 です。

④ 10を 27こ あつめた 数は 270 です。

P.48

100より 大(おお)きい 数(かず)（7）

月　日　名前

● □に あてはまる 数(かず)を 書(か)きましょう。

① 300は 10を **30** こ あつめた 数(かず)です。

[100] [100] [100] → [10][10][10][10][10][10][10][10][10][10]　[10][10][10][10][10][10][10][10][10][10]　[10][10][10][10][10][10][10][10][10][10]

[100]は [10]を 10こ あつめた 数(かず)だね。

② 180は 10を **18** こ あつめた 数(かず)です。

[100] | [10][10][10][10][10][10][10][10]

③ 460は 10を **46** こ あつめた 数(かず)です。

[100][100][100][100] | [10][10][10][10][10][10]

④ 220は 10を **22** こ あつめた 数(かず)です。

[100][100] | [10][10]

P.49

100より 大(おお)きい 数(かず)（8）

月　日　名前

● □に あてはまる 数(かず)を 書(か)いて 読(よ)みましょう。

① 254 — 255 — **256** — **257** — 258 — 259 — **260**

（1ふえる）（1ふえる）

② 496 — **497** — 498 — 499 — **500** — **501** — 502

③ 650 — 660 — **670** — 680 — **690** — **700** — 710

（10ふえる）（10ふえる）

④ 890 — **900** — 910 — 920 — **930** — **940** — 950

P.50

100より 大(おお)きい 数(かず)（9）

月　日　名前

● □に あてはまる 数(かず)を 書(か)きましょう。

数(かず)の線(せん)の 1めもりは いくつかな。

① 370　380　390　400　410　420

371　**388**　**404**　**415**

② 930　940　950　960　970　980

935　**952**　**961**　**979**

③ 100　200　300　400　500　600

110　**220**　**370**　**540**

P.51

100より 大(おお)きい 数(かず)（10）

月　日　名前

● □に あてはまる 数(かず)を 書(か)いて じゅんに 読(よ)みましょう。

①（1ふえる）（1ふえる）

990	991	992	**993**	**994**	**995**	996	997
998	**999**	**1000**					

②（10ふえる）（10ふえる）

900	910	**920**	**930**	940	**950**	**960**	970
980	**990**	**1000**					

③（100ふえる）（100ふえる）

100	200	**300**	**400**	**500**	600	**700**	800
900	**1000**						

100が 10こで 1000に なるよ。

解答

児童に実施させる前に，必ず指導される方が問題を解いてください。本書の解答は，あくまでも１つの例です。指導される方の作られた解答をもとに，本書の解答例を参考に児童の多様な考えに寄り添って○つけをお願いします。

P.52

100より 大きい 数 (11)

月　日　名前

● どちらが 大きいですか。□に ＞か ＜を 書きましょう。

① 256 [＜] 312

くらべる

百のくらい	十のくらい	一のくらい
2	5	6
3	1	2

大きい くらいから じゅんに くらべて いくよ。

② 408 [＜] 430

くらべる

百のくらい	十のくらい	一のくらい
4	0	8
4	3	0

↑おなじ

③ 726 [＞] 723

くらべる

百のくらい	十のくらい	一のくらい
7	2	6
7	2	3

↑おなじ↑

④ 635 [＜] 653

⑤ 98 [＜] 101

⑥ 510 [＞] 507

P.53

100より 大きい 数 (12)

月　日　名前

● 計算を しましょう。

① 80 + 40 = [120]

⑩⑩⑩⑩⑩⑩⑩⑩　⑩⑩⑩⑩

② 200 + 500 = [700]

[100][100]　[100][100][100][100][100]

③ 700 + 300 = [1000]

[100][100][100][100][100][100][100]　[100][100][100]

100が 10こで いくつに なるかな。

● 計算を しましょう。

① 150 − 70 = [80]

⑩⑩⑩⑩⑩⑩⑩ ⑩⑩⑩
⑩⑩⑩⑩⑩

150は，10が 15こだね。

② 600 − 300 = [300]

[100][100][100][100][100][100]

③ 1000 − 400 = [600]

[100][100][100][100][100][100][100][100][100][100]

P.54

水の かさの たんい (1)

月　日　名前

● バケツの 水の かさは 何Lですか。

①

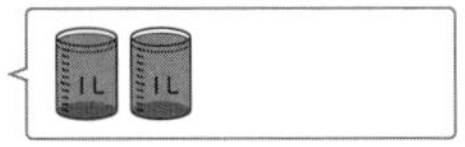

1Lの 2こ分で

[2] L

②

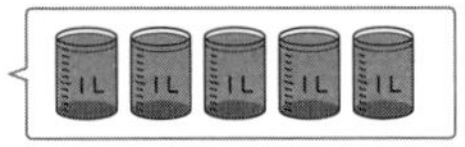

1Lの [5] こ分で

[5] L

■ Lを れんしゅう しましょう。

L L L 1L 2L 3L 4L 5L

P.55

水の かさの たんい (2)

月　日　名前

● 水とうの 水の かさは 何dLですか。

①

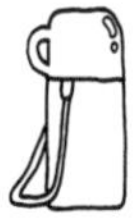

1dLの 6こ分で

[6] dL

②

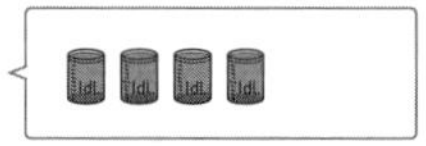

1dLの [4] こ分で

[4] dL

■ dLを れんしゅう しましょう。

dL dL 1dL 2dL 3dL 4dL 5dL

P.56

水の かさの たんい (3)

名前　　月　日

● つぎの 水の かさは 何 L 何 dL ですか。

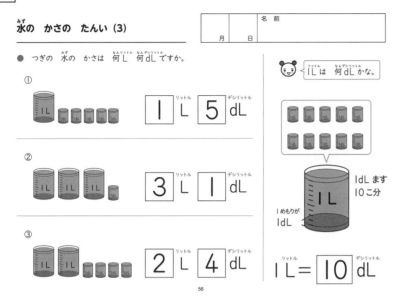

① 1 L 5 dL

② 3 L 1 dL

③ 2 L 4 dL

1L は 何デシリットル かな。

1dL ます 10 こ分
1 めもりが 1dL

1 L = 10 dL

56

P.57

水の かさの たんい (4)

名前　　月　日

● つぎの 入れものに 入る 水の かさを，それぞれ 2つの あらわし方で 書きましょう。

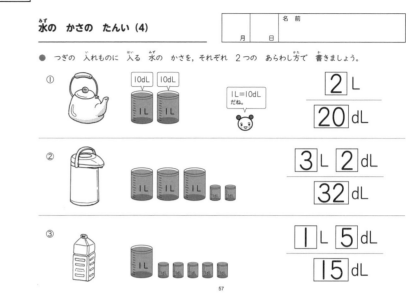

① 1L=10dL だね。
2 L
20 dL

② 3 L 2 dL
32 dL

③ 1 L 5 dL
15 dL

57

P.58

水の かさの たんい (5)

名前　　月　日

● つぎの 水の かさを，それぞれ 2つの あらわし方で 書きましょう。

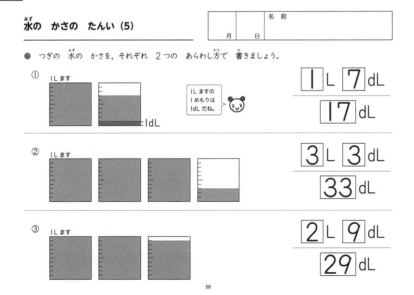

① 1 L ます　1L ますの 1めもりは 1dL だね。
1 L 7 dL
17 dL

② 1 L ます
3 L 3 dL
33 dL

③ 1 L ます
2 L 9 dL
29 dL

58

P.59

水の かさの たんい (6)

名前　　月　日

dL より 小さい かさの たんいに mL が あるよ。どんな ところで つかわれて いるかな。

1L = 10 dL

1L = 1000 mL

1dL = 100 mL

なぞって みよう。

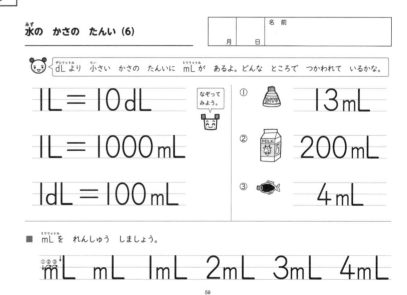

① 13 mL

② 200 mL

③ 4 mL

■ mL を れんしゅう しましょう。

mL mL 1mL 2mL 3mL 4mL

59

P.60

水の かさの たんい (7)

	名前
月	日

● □に あてはまる 数を 書きましょう。

① 3L = 30 dL

1L=10dL
1L=1000mL
1dL=100mL

② 2L = 2000 mL

③ 5dL = 500 mL

④ 1L8dL = 18 dL

● □に あてはまる かさの たんいを L, dL, mL から えらんで 書きましょう。

① なべ いっぱいに 入る 水の かさ　3 L

② スプーン 1ぱいの 水の かさ　15 mL

③ 紙パックに 入る ジュースの かさ　5 dL

60

P.61

水の かさの たんい (8)

	名前
月	日

● やかんに お茶が 2L4dL 入って います。ペットボトルに お茶が 1L3dL 入って います。
お茶は あわせて どれだけ ありますか。

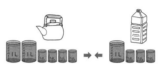

しき

2L4dL + 1L3dL = 3 L 7 dL

同じ たんいの 数どうしを 計算するよ。

答え　3L 7dL

● 牛にゅうが 1L7dL ありました。
だいきさんが あさ 5dL のみました。
のこりの 牛にゅうは どれだけですか。

しき

1L7dL - 5dL = 1 L 2 dL

1L は そのまま のこって いるね。

答え　1L 2dL

61

P.62

水の かさの たんい (9)

	名前
月	日

● 計算を しましょう。

① 5L + 7L = 12 L

Lに〇, dLに△など, 同じ たんいに しるしを つけて おくと わかりやすいよ。

② 10L 2dL + 3dL = 1 0 L 5 dL

③ 3L 4dL + 2L = 5 L 4 dL

④ 4L 6dL + 1L 2dL = 5 L 8 dL

⑤ 1L 5dL + 5dL = 2 L

⑤は, 5dL+5dL=10dL 10dL=1L だね。

62

P.63

水の かさの たんい (10)

	名前
月	日

● 計算を しましょう。

① 8L - 3L = 5 L

同じ たんいに しるしを つけて おくと わかりやすいよ。

② 5L 7dL - 2L 3dL = 3 L 4 dL

③ 9L 2dL - 5L = 4 L 2 dL

④ 3L 9dL - 2dL = 3 L 7 dL

⑤ 1L - 4dL = 6 dL

⑤は, 1L=10dL として 計算したら いいね。

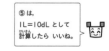

63

P.64

時こくと 時間 (1)

月	日	名前

● 時計を 見て 答えましょう。

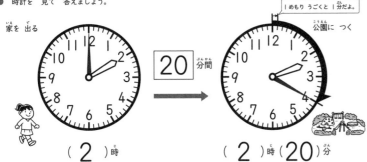

家を 出る

（ 2 ）時

1めもり うごくと 1分だよ。

公園に つく

（ 2 ）時（ 20 ）分

20 分間

① 家を 出た 時こくと，公園に ついた 時こくを （ ）に 書きましょう。

② 家を 出てから 公園に つくまでの 時間を □に 書きましょう。

64

P.65

時こくと 時間 (2)

月	日	名前

● 時計の 時こくを （ ）に 書き，⑦から ⑦までの 時間を □に 書きましょう。

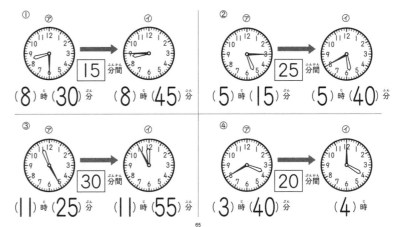

① ⑦ （ 8 ）時（ 30 ）分 → 15 分間 → ⑦ （ 8 ）時（ 45 ）分

② ⑦ （ 5 ）時（ 15 ）分 → 25 分間 → ⑦ （ 5 ）時（ 40 ）分

③ ⑦ （ 11 ）時（ 25 ）分 → 30 分間 → ⑦ （ 11 ）時（ 55 ）分

④ ⑦ （ 3 ）時（ 40 ）分 → 20 分間 → ⑦ （ 4 ）時

65

P.66

時こくと 時間 (3)

月	日	名前

● 時計の 時こくを （ ）に 書き，⑦から ⑦までの 時間を □に 書きましょう。

① ⑦ （ 10 ）時（ 15 ）分 → 35 分間 → ⑦ （ 10 ）時（ 50 ）分

② ⑦ （ 2 ）時（ 10 ）分 → 50 分間 → ⑦ （ 3 ）時

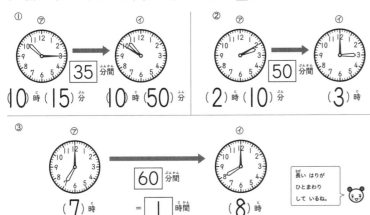

③ ⑦ （ 7 ）時 → 60 分間 = 1 時間 → ⑦ （ 8 ）時

長い はりが ひとまわり して いるね。

66

P.67

時こくと 時間 (4)

月	日	名前

● 「今」から 1時間前と 1時間後の 時こくを （ ）に 書きましょう。

今

9時

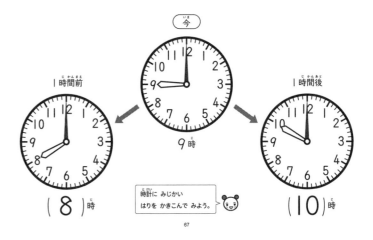

1時間前 （ 8 ）時

1時間後 （ 10 ）時

時計に みじかい はりを かきこんで みよう。

67

105

P.68

時こくと　時間 (5)

月　日　名前

● 「今」から　1時間前と　1時間後の　時こくを　それぞれ　（　）に　書きましょう。

時計に　はりを　かきこんで　みよう。

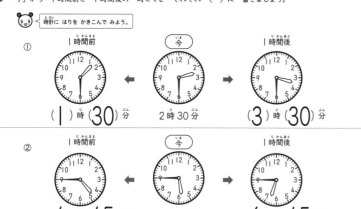

① 1時間前　今　1時間後
（ 1 ）時（ 30 ）分　2時30分　（ 3 ）時（ 30 ）分

② 1時間前　今　1時間後
（ 4 ）時（ 45 ）分　5時45分　（ 6 ）時（ 45 ）分

68

P.69

時こくと　時間 (6)

月　日　名前

● ○分後の　時こくを　それぞれ　（　）に　書きましょう。

時計に　はりを　かきこんで　みよう。

① 5時30分　20分後　（ 5 ）時（ 50 ）分

② 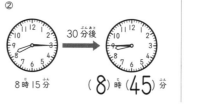 8時15分　30分後　（ 8 ）時（ 45 ）分

③  2時25分　15分後　（ 2 ）時（ 40 ）分

69

P.70

時こくと　時間 (7)

月　日　名前

● ○分前の　時こくを　それぞれ　（　）に　書きましょう。

時計に　はりを　かきこんで　みよう。

① 20分前　9時40分　（ 9 ）時（ 20 ）分

② 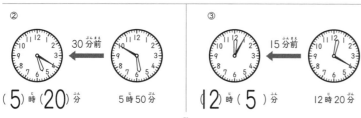 30分前　5時50分　（ 5 ）時（ 20 ）分

③ 15分前　12時20分　（ 12 ）時（ 5 ）分

70

P.71

時こくと　時間 (8)

月　日　名前

● 午前，午後を　つかって，時計の　時こくを　書きましょう。

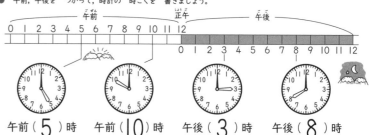

午前（ 5 ）時　午前（ 10 ）時　午後（ 3 ）時　午後（ 8 ）時

● □に　あてはまる　数を　書きましょう。

① 午前は　12 時間，午後は　12 時間です。

② 1日は　24 時間です。

71

106

P.72

時こくと　時間 (9)

	名前
月　日	

● 下の 時計の 時こくを 見て 答えましょう。

（午前 8 時）　（午後 4 時）　（午後 9 時）

① 上の 時計の 時こくを 午前，午後を つけて （ ）に 書きましょう

② 家を 出てから 家に 帰るまでの 時間は 何時間ですか。　　$\boxed{8}$ 時間

③ 家に 帰ってから ねるまでの 時間は 何時間ですか。　　$\boxed{5}$ 時間

72

P.73

計算の　くふう (1)

	名前
月　日	

● （ ）の 中を さきに 計算して 答えを 出しましょう。

① $9 + (8 + 2) = 9 + \boxed{10}$
　さきに計算するよ
　$= \boxed{19}$

② $6 + (7 + 3) = 6 + \boxed{10}$
　$= \boxed{16}$

③ $15 + (9 + 1) = 15 + \boxed{10}$
　$= \boxed{25}$

④ $8 + (15 + 5) = 8 + \boxed{20}$
　$= \boxed{28}$

⑤ $27 + (6 + 4) = 27 + \boxed{10}$
　$= \boxed{37}$

73

P.74

計算の　くふう (2)

	名前
月　日	

● （ ）を つけて くふうして 計算しましょう。

① $7 + (6 + 4) = \boxed{17}$
　さきに 計算すると
　答えは 10

② $(2 + 8) + 6 = \boxed{16}$

③ $9 + (7 + 3) = \boxed{19}$

④ $8 + (5 + 5) = \boxed{18}$

⑤ $4 + (9 + 1) = \boxed{14}$

⑥ $(8 + 2) + 13 = \boxed{23}$

 あわせて 10に なる 2つの 数を 見つけると いいね。

74

P.75

たし算と　ひき算の　ひっ算 (1)
たし算（くり上がり 1回）

	名前
月　日	

● 43 + 85 を ひっ算で しましょう。

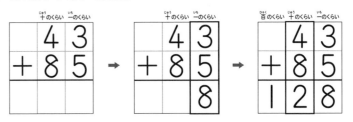

❶ くらいを たてに そろえて 書く。

❷ 一のくらいの 計算
$3 + 5 = \boxed{8}$

❸ 十のくらいの 計算
$4 + 8 = \boxed{12}$
百のくらいに 1 くり上げる

$43 + 85 = \boxed{128}$

75

107

P.76

たし算と ひき算の ひっ算 (2)
たし算（くり上がり1回）

月　日　名前

● ひっ算で しましょう。

① 70 + 50

```
百のくらい 十のくらい 一のくらい
    7   0
 +  5   0
 1  2   0
```

② 52 + 94

```
    5   2
 +  9   4
 1  4   6
```

③ 83 + 26

十のくらいの計算は
8 + 2 = 10
答えの 十のくらいは
0に なるね。

```
    8   3
 +  2   6
 1  0   9
```

④ 48 + 60

```
    4   8
 +  6   0
 1  0   8
```

76

P.77

たし算と ひき算の ひっ算 (3)
たし算（くり上がり2回）

月　日　名前

● 56 + 78 を ひっ算で しましょう。

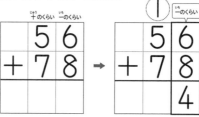

```
十のくらい 一のくらい
    5   6
 +  7   8
```
→
```
    5   6
 +  7   8
        4
```
→
```
百のくらい 十のくらい
    5   6
 +  7   8
 1  3   4
```

❶ くらいを たてに そろえて 書く。

❷ 一のくらいの 計算
6 + 8 = [14]
十のくらいに 1 くり上げる。

❸ 十のくらいの 計算
[1] + 5 + 7 = [13]
百のくらいに 1 くり上げる。

56 + 78 = [134]

77

P.78

たし算と ひき算の ひっ算 (4)
たし算（くり上がり2回）

月　日　名前

● ひっ算で しましょう。

① 47 + 53

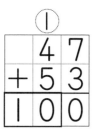
```
    ①
    4   7
 +  5   3
 1  0   0
```

② 95 + 38

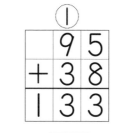
```
    ①
    9   5
 +  3   8
 1  3   3
```

③ 94 + 6

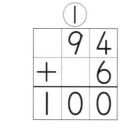
```
    ①
    9   4
 +      6
 1  0   0
```

十のくらいの 計算は
① + 4 + 5 = 10
に なるね。

くり上げた 1 を
わすれずに
計算してね。

くらいに 気をつけて
計算しよう。

78

P.79

たし算と ひき算の ひっ算 (5)
たし算（くり上がり2回）

月　日　名前

● ひっ算で しましょう。

① 63 + 59

```
    ①
    6   3
 +  5   9
 1  2   2
```

くり上がった 1 を
たすのを わすれずに。

② 8 + 96

```
    ①
        8
 +  9   6
 1  0   4
```

③ 72 + 28

```
    ①
    7   2
 +  2   8
 1  0   0
```

④ 86 + 75

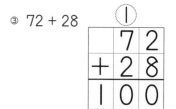
```
    ①
    8   6
 +  7   5
 1  6   1
```

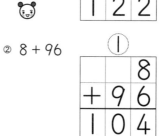

79

108

P.80

たし算と ひき算の ひっ算 (6)
たし算（くり上がり1回・2回）

名前　月　日

● ひっ算で しましょう。

① 50 + 64
```
   5 0
+  6 4
-----
 1 1 4
```

② 85 + 36
```
①
   8 5
+  3 6
-----
 1 2 1
```

③ 63 + 77
```
①
   6 3
+  7 7
-----
 1 4 0
```

④ 48 + 52
```
①
   4 8
+  5 2
-----
 1 0 0
```

⑤ 7 + 99
```
①
     7
+  9 9
-----
 1 0 6
```

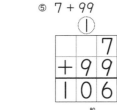
くり上げた 1 を わすれずに 計算しよう。

80

P.81

たし算と ひき算の ひっ算 (7)
ひき算（くり下がり1回）

名前　月　日

● 157 − 83 を ひっ算で しましょう。

百のくらい 十のくらい 一のくらい

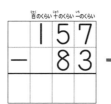 → 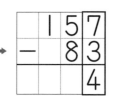 →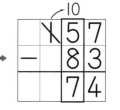

❶ くらいを たてに そろえて 書く。

❷ 一のくらいの 計算
7 − 3 = 4

❸ 十のくらいの 計算
5 から 8 は ひけない。
百のくらいから 1 くり下げる。
15 − 8 = 7

157 − 83 = 74

81

P.82

たし算と ひき算の ひっ算 (8)
ひき算（くり下がり1回）

名前　月　日

● ひっ算で しましょう。

百のくらい 十のくらい 一のくらい

① 126 − 56
```
 1 2 6
−  5 6
-----
   7 0
```
12 − 5 ／ 6 − 6

③ 132 − 70
```
 1 3 2
−  7 0
-----
   6 2
```

② 109 − 44
```
 1 0 9
−  4 4
-----
   6 5
```

十のくらいの 計算は 10 − 4 に なるね。

④ 148 − 67
```
 1 4 8
−  6 7
-----
   8 1
```

82

P.83

たし算と ひき算の ひっ算 (9)
ひき算（くり下がり2回）

名前　月　日

● 134 − 56 を ひっ算で しましょう。

百のくらい 十のくらい 一のくらい

 → 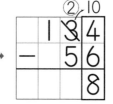 →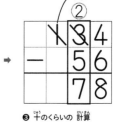

❶ くらいを たてに そろえて 書く。

❷ 一のくらいの 計算
4 から 6 は ひけない。
十のくらいから 1 くり下げる。
14 − 6 = 8

❸ 十のくらいの 計算
1 くり下げたので 2
2 から 5 は ひけない。
百のくらいから 1 くり下げる。
12 − 5 = 7

134 − 56 = 78

83

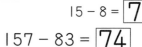

P.84

たし算と ひき算の
ひっ算（10）　　ひき算
（くり下がり２回）　　　月　日　名前

● ひっ算で しましょう。

① 123 − 29　　② 110 − 83　　③ 140 − 45

```
    10
  ① 10
   1̸2̸3
  −  2 9
     9 4
```
11 − 2 ⟶ 13 − 9

```
     ⓪
   1̸1̸0
  −  8 3
     2 7
```

```
      ③
   1̸4̸0
  −  4 5
     9 5
```

ひけない ときは 上の くらいから １くり下げて 計算するよ。
１くり下げたので １少なく なった ことを わすれないよう 書いて おこう。

84

P.85

たし算と ひき算の
ひっ算（11）　　ひき算
（くり下がり２回）　　　月　日　名前

● ひっ算で しましょう。

① 103 − 58　　② 100 − 34　　③ 100 − 6

```
    ⑨
   10 10
   1̸0̸3
  −  5 8
     4 5
```
9 − 5 ⟶ 13 − 8

```
     ⑨
   1̸0̸0
  −  3 4
     6 6
```

```
      ⑨
   1̸0̸0
  −    6
     9 4
```

十のくらいが ０の ときは 百のくらいから 十のくらいへ １くり下げて，
つぎに 十のくらいから 一のくらいへ １くり下げるよ。

85

P.86

たし算と ひき算の
ひっ算（12）　　ひき算
（くり下がり２回）　　　月　日　名前

● ひっ算で しましょう。

① 117 − 58

```
     ⓪
   1̸1̸7
  −  5 8
     5 9
```
10 − 5 ⟶ 17 − 8

② 160 − 82

```
     ⑤
   1̸6̸0
  −  8 2
     7 8
```

③ 105 − 69

```
     ⑨
   1̸0̸5
  −  6 9
     3 6
```
百のくらいから
十のくらいへ，
十のくらいから
一のくらいへ じゅんに
くり下げて いくよ。

④ 100 − 47

```
     ⑨
   1̸0̸0
  −  4 7
     5 3
```

86

P.87

たし算と ひき算の
ひっ算（13）　　ひき算
（くり下がり１回・２回）　　　月　日　名前

● ひっ算で しましょう。

① 164 − 90　　② 133 − 65　　③ 170 − 92

```
   1 6 4
  −  9 0
     7 4
```

```
      ②
   1̸3̸3
  −  6 5
     6 8
```

```
      ⑥
   1̸7̸0
  −  9 2
     7 8
```

④ 102 − 47　　⑤ 100 − 8

```
     ⑨
   1̸0̸2
  −  4 7
     5 5
```

```
     ⑨
   1̸0̸0
  −    8
     9 2
```

ひけない ときは 上の くらいから
１くり下げる。上の くらいが
０の ときは，さらに 上の
くらいから １くり下げて こよう。

87

P.88

たし算と ひき算の ひっ算 (14)
3けたの 数の たし算

月　日　名　前

● ひっ算で しましょう。

① 526 + 73　　② 235 + 46　　③ 708 + 52

百のくらい 十のくらい 一のくらい

```
  526
+  73
─────
  599
```
❸5　❷2+7　❶6+3

これまでと 同じように 一のくらいから じゅんに 計算して いこう。

①
```
  235
+  46
─────
  281
```
百のくらいは そのまま おろせば いいよ。

①
```
  708
+  52
─────
  760
```
くり上がった 1を わすれずに 計算してね。

88

P.89

たし算と ひき算の ひっ算 (15)
3けたの 数の ひき算

月　日　名　前

● ひっ算で しましょう。

① 469 − 35　　② 831 − 23　　③ 285 − 6

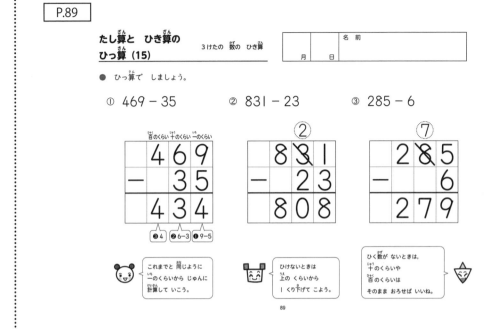

百のくらい 十のくらい 一のくらい

```
  469
−  35
─────
  434
```
❸4　❷6-3　❶9-5

これまでと 同じように 一のくらいから じゅんに 計算して いこう。

②
```
  831
−  23
─────
  808
```
ひけないときは 上の くらいから 1くり下げて こよう。

⑦
```
  285
−   6
─────
  279
```
ひく数が ないときは, 十のくらいや 百のくらいは そのまま おろせば いいね。

89

111

喜楽研の支援教育シリーズ

ゆっくり ていねいに 学べる

算数教科書支援ワーク　2-①

2023 年 3 月 1 日　　第 1 刷発行

イ ラ ス ト： 山口 亜耶 他
表紙イラスト： 鹿川 美佳
表紙デザイン： エガオデザイン
企 画・編 著： 原田 善造・あおい えむ・今井 はじめ・さくら りこ
　　　　　　　 中田 こういち・なむら じゅん・ほしの ひかり・堀越 じゅん
　　　　　　　 みやま りょう（他 4 名）
編 集 担 当： 桂　真紀

発 行 者： 岸本 なおこ
発 行 所： 喜楽研（わかる喜び学ぶ楽しさを創造する教育研究所：略称）
　　　　　 〒604-0827　京都府京都市中京区高倉通二条下ル瓦町 543-1
　　　　　 TEL　075-213-7701　FAX　075-213-7706
　　　　　 HP　https://www.kirakuken.co.jp
印　　　刷： 創栄図書印刷株式会社

ISBN:978-4-86277-399-9

Printed in Japan

喜楽研 WEB サイト
書籍の最新情報（正誤表含む）は
喜楽研 WEB サイトをご覧下さい。

学校現場では，本書ワークシートをコピー・印刷して児童に配布できます。
学習する児童の実態にあわせて，拡大してお使い下さい。